直近の改正を中心とした

消費税
納税義務判定
の実務

税理士 渡辺 章 著

税務研究会出版局

まえがき

　平成22年度改正では「調整対象固定資産を取得した場合の特例」が、平成23年度改正では「特定期間による特例」が、また、平成24年度改正では「特定新規設立法人の特例」が創設されました。そして一連の事業者免税点制度に関する改正の締めくくりとして、平成28年度改正では「高額特定資産を取得した場合の特例」が創設されました。

　これらの特例は、もともと実務界で広く行われていた自動販売機設置による還付スキームや新設法人を利用した節税スキームなどに対し、その対抗策として盛り込まれたものです。

　しかし、実務上、特に注意しておかなければならないのは、これらの特例が各種節税スキームなどとはまったく無縁の事業者であっても、条件さえ満たせば適用されるということです。これらの特例の適用に関しては、節税スキームを使う使わないはまったく関係ないのです。実務上は、各種節税スキームの対抗策という側面よりも、むしろこれらの特例からもたらされる弊害について留意すべきものと考えます。

　なお、これらの特例に関して共通して言えることは、すべての特例について、その法律の構成が非常にテクニカルであるということです。これらの特例は、もともと各種節税スキームに網をかけるために作られたものであり、必然的にその構成が複雑にならざるを得なかったのかもしれません。

　ただ、この結果、一般の納税者がこれらの特例を正確に理解し、彼らに適正な処理を求めることは非常に困難です。だからこそ、税法のプロである税理士の役目は大きいのです。また、我々税理士がこれら

の特例を正確に理解し、危険箇所をあらかじめ熟知しておくことで、自身の身を守ることにもなるのではないでしょうか。

　実務上、消費税の納税義務に関しては絶対にミスが許されません。課税区分を一つ間違えるのとは訳が違います。ミスしたときのダメージたるや計り知れないものがあるのです。

　今回執筆した書籍には、これらの特例を理解するための納税義務判定の基礎と各種特例の詳細な内容解説を盛り込みました。また、特に留意すべきケースについても図解入りで解説を盛り込んでいます。消費税の納税義務判定に関する道しるべとして、ぜひ本書をお役立てください。

平成29年7月

税理士　渡辺　章

目　次

第 1 章　納税義務者

Ⅰ　概要 …………………………………………………… 2
Ⅱ　国内取引の納税義務者 ………………………………… 3
Ⅲ　輸入取引の納税義務者 ………………………………… 4
Ⅳ　リバースチャージ方式 ………………………………… 6
　1　インターネット等を介した役務の提供 …………… 6
　2　芸能、スポーツ等に係る役務の提供 ……………… 9

第 2 章　納税義務の免除

Ⅰ　概要 …………………………………………………… 12
Ⅱ　基準期間 ………………………………………………… 13
Ⅲ　基準期間における課税売上高 ………………………… 14
　1　計算方法 ……………………………………………… 14
　2　計算上の留意点 ……………………………………… 15
　　(1)　免税売上高 ……………………………………… 15
　　(2)　税抜処理 ………………………………………… 16
　　(3)　値引き、返品、割戻しなどの取扱い ………… 18
　　(4)　貸倒損失などの取扱い ………………………… 19
　　(5)　算定単位 ………………………………………… 20
Ⅳ　新規開業等の場合 ……………………………………… 20
　1　新規開業の個人事業者 ……………………………… 20

2　新設法人··22
　　3　法人成り··23

第3章　課税事業者の選択

　Ⅰ　課税事業者選択届出書··26
　　1　提出時期··26
　　2　提出時期の特例··27
　　　(1)　事業を開始した日の属する課税期間の留意点············28
　　　(2)　事業開始課税期間の翌課税期間からの課税選択·········30
　　　(3)　相続、吸収合併又は吸収分割があった課税期間の
　　　　　 留意点··31
　Ⅱ　課税事業者選択不適用届出書····································36
　　1　提出時期··36
　　2　届出の制限··37
　Ⅲ　その他届出に係る留意点··40
　　1　特例承認申請制度··40
　　　(1)　制度の概要··40
　　　(2)　承認申請手続··41
　　2　期間短縮制度の活用··46
　　　(1)　期間短縮制度の概要····································46
　　　(2)　期間短縮制度の活用例··································47

第4章　特定期間による特例

　Ⅰ　概要··58

Ⅱ	特定期間 ………………………………………………………… 59
Ⅲ	特定期間における課税売上高 ………………………………… 61
Ⅳ	給与等の金額 ……………………………………………………… 61
Ⅴ	新規開業における特定期間の留意点 ………………………… 63

第5章　相続、合併、分割等の特例

Ⅰ　相続の特例 ……………………………………………………… 68
　1　内容 …………………………………………………………… 68
　　(1)　相続が発生した年の判定 ……………………………… 69
　　(2)　相続が発生した年の翌年及び翌々年の判定 ………… 70
　2　複数の相続人がいる場合 ………………………………… 72
　　(1)　共同相続 ………………………………………………… 72
　　(2)　相続発生年に遺産分割が行われた場合 ……………… 74
　　(3)　相続発生年の翌年に遺産分割が行われた場合 ……… 75
　　(4)　事業場を分割して承継した場合 ……………………… 76
Ⅱ　合併の特例 ……………………………………………………… 80
　1　概要 …………………………………………………………… 80
　2　吸収合併 ……………………………………………………… 81
　　(1)　合併事業年度の判定 …………………………………… 82
　　(2)　合併事業年度の翌事業年度及び翌々事業年度の
　　　　判定 ………………………………………………………… 83
　3　新設合併 ……………………………………………………… 86
　　(1)　合併事業年度の判定 …………………………………… 87
　　(2)　合併事業年度の翌事業年度の判定 …………………… 89
　　(3)　合併事業年度の翌々事業年度の判定 ………………… 89

Ⅲ　分割等の特例 ································· 93
　　1　概要 ······································· 93
　　2　新設分割等 ································· 94
　　　(1)　新設分割子法人 ························· 95
　　　(2)　新設分割親法人 ························ 100
　　3　吸収分割 ·································· 104

第6章　新設法人に関する特例

　Ⅰ　新設法人の特例 ······························ 112
　Ⅱ　特定新規設立法人の特例 ······················ 116
　　1　概要 ······································ 116
　　2　特定新規設立法人 ·························· 118
　　　(1)　内容 ·································· 118
　　　(2)　特定要件 ······························ 119
　　　(3)　判定対象者 ···························· 121
　　　(4)　解散法人の場合 ························ 123
　　3　基準期間相当期間 ·························· 128
　　4　基準期間相当期間における課税売上高 ········ 131
　　5　情報の提供 ································ 132

第7章　棚卸資産や固定資産を取得した場合の特例

　Ⅰ　調整対象固定資産を取得した場合の特例 ········ 138
　　1　概要 ······································ 138
　　2　課税事業者を選択した場合 ·················· 143

	(1) 届出書の提出制限 …………………………………… 143
	(2) 連年で調整対象固定資産を取得した場合 ………… 146
	(3) 届出が無効とされる場合 …………………………… 147

　3　新設法人の場合 ………………………………………… 149
　　(1) 内容 ………………………………………………… 149
　　(2) 届出が無効とされる場合 …………………………… 152
　　(3) 事業開始課税期間からの簡易課税制度の選択 ……… 154
　4　調整対象固定資産の意義 ……………………………… 158
Ⅱ　高額特定資産を取得した場合の特例 ……………………… 162
　1　概要 ……………………………………………………… 162
　2　高額特定資産の仕入れ等の場合 ……………………… 165
　　(1) 内容 ………………………………………………… 165
　　(2) 届出が無効とされる場合 …………………………… 167
　　(3) 簡易課税制度の適用事業者が設備投資を行う場合 …… 168
　3　高額特定資産の自己建設等の場合 …………………… 172
　　(1) 内容 ………………………………………………… 172
　　(2) 届出が無効とされる場合 …………………………… 175
　4　高額特定資産の意義 …………………………………… 176

第8章　特定非常災害が発生した場合の特例

Ⅰ　概要 …………………………………………………………… 180
Ⅱ　各種特例制度 ………………………………………………… 181
　1　課税事業者選択（不適用）届出書を提出する場合等の
　　特例 ……………………………………………………… 181
　　(1) 課税事業者選択届出書の事後提出の特例 ………… 181

（2）　課税事業者選択不適用届出書の提出制限規定の
　　　不適用 …………………………………………………… 182
　（3）　課税事業者選択不適用届出書の事後提出の特例 …… 182
　（4）　届出書の記載事項 …………………………………… 183
2　簡易課税制度選択（不適用）届出書を提出する場合
　　等の特例 ……………………………………………………… 185
　（1）　簡易課税制度選択届出書の事後提出の特例 ………… 185
　（2）　簡易課税制度選択不適用届出書の提出制限規定の
　　　不適用 …………………………………………………… 186
　（3）　簡易課税制度選択不適用届出書の事後提出の特例 … 186
　（4）　仮決算による中間申告書の記載事項の特例 ………… 186
　（5）　届出書の記載事項 …………………………………… 186
3　事業者免税点制度及び簡易課税制度の適用制限の解除 … 189
　（1）　調整対象固定資産の取得による課税事業者期間の
　　　延長規定の不適用 ……………………………………… 189
　（2）　高額特定資産の取得による課税事業者の強制適用
　　　規定の不適用 …………………………………………… 189
　（3）　調整対象固定資産の取得による簡易課税制度選択
　　　届出書の提出制限規定の不適用 ……………………… 190
　（4）　高額特定資産の取得による簡易課税制度選択届出
　　　書の提出制限規定の不適用 …………………………… 190

参考資料　納税義務の判定と各種届出書 …………… 197

主な凡例

本書で使用されている主な略称は以下のとおりです。

　・消法……………………消費税法
　・消令……………………消費税法施行令
　・消規……………………消費税法施行規則
　・消基通…………………消費税法基本通達

本書の内容は、平成29年7月現在の法令・通達によっています。

第1章

納税義務者

Ⅰ 概要

消費税の課税の対象が、国内取引と輸入取引に大きく分けて規定されていることを受け、その納税義務者についても国内取引と輸入取引にそれぞれ分けて規定されています。

【納税義務者】（消法5）

> （1）国内取引
> 　事業者は、国内において行った課税資産の譲渡等及び特定課税仕入れにつき、消費税を納める義務がある。
> （2）輸入取引
> 　外国貨物を保税地域から引き取る者は、課税貨物につき、消費税を納める義務がある。

まず、国内取引については、その取引を行う事業者が「国内において行った課税資産の譲渡等」、すなわち課税取引につき、その納税義務を負います。一方、輸入取引については、その輸入者（引取者）が「課税貨物」、すなわち輸入貨物につき、その納税義務を負うことになります。

なお、改正によって、国外事業者によるインターネット等を介して行われる国境を越えた役務の提供や国外事業者による芸能、スポーツ等に関する役務の提供については、「リバースチャージ方式」が導入されました。本来、消費税の納税義務は、課税資産の譲渡等を行う売上側の事業者が負うことになりますが、このリバースチャージ方式では、これらの役務の提供を「特定課税仕入れ」と位置付け、その特定課税仕入れを行う仕入側の事業者が納税義務を負うことになります。

Ⅱ 国内取引の納税義務者

　国内取引の納税義務者は、原則としてすべての「事業者」です。ここでいう「事業者」ですが、消費税法第2条第1項第4号では「個人事業者及び法人をいう。」と規定されています。

　したがって、個人で店舗を構えて事業を行っている青果店や精肉店あるいはプロスポーツ選手などについては、個人事業者として納税義務者となりますし、一般企業や公益法人などについては、法人として納税義務者となります。

　また、少し変わったところでは、国や地方公共団体が行う事業は、消費税法上、法人が行う事業とみなされますし、人格のない社団等（法人でない社団又は財団で代表者又は管理人の定めがあるものをいいます。）についても、消費税法では法人とみなされますから、これらの者も原則として納税義務者となります。

　なお、法人税や所得税とは異なり、消費税では内国法人と外国法人あるいは居住者と非居住者で課税範囲が異なることはありません。たとえ外国企業であっても、国内における課税資産の譲渡等については納税義務を負うのです。

＜事業者の範囲＞

```
┌─────────────────────── 事業者 ───────────────────────┐
│ ┌──── 個人事業者 ────┐  ┌──── 法　人 ────┐ │
│ │ ・青果店、精肉店     │  │ ・一般法人、公益法人 │ │
│ │ ・飲食店、クリーニング店│  │ ・内国法人、外国法人 │ │
│ │ ・開業医、弁護士、税理士│  │ ・国、地方公共団体   │ │
│ │ ・プロスポーツ選手など │  │ ・人格のない社団等など│ │
│ └──────────────────┘  └──────────────┘ │
└──────────────────────────────────────────────────┘
```

一方、国内取引では、事業者が納税義務を負うわけですから、一般消費者については、いかなる場合も納税義務者にはなりません。例えばサラリーマンが自家用車を売却した場合、この取引に関しては課税の対象として課税されることはありませんし、納税義務も生じないのです。

なお、あくまでも「国内において行った課税資産の譲渡等」、すなわち課税取引につき納税義務が生じるわけですから、たとえ事業者が行った取引であっても、土地の売却などの非課税取引や国外取引などの課税対象外取引（消費税法基本通達では「不課税取引」と表現しています。）については、納税義務が生じることはありません。

また、個人事業者が自宅建物を売却したような場合、個人事業者が行った取引ではありますが、事業として行った取引ではありませんので課税対象外取引に該当します。このような家事用資産の譲渡についても、やはり課税されることはありませんし、当然に納税義務も生じません。

III 輸入取引の納税義務者

輸入取引の納税義務者は「外国貨物を保税地域から引き取る者」すなわち「輸入者」となります。

ここで、国内取引が、その納税義務者を事業者に限定しているのに対し、この輸入取引については、その納税義務者を事業者に限定していません。したがって、輸入取引については、事業者はもちろんのこと一般消費者であっても原則として納税義務者となるのです。

なお、国内取引では、その基準期間における課税売上高が1,000万円以下である事業者については、免税事業者としてその納税義務が免除されますが、この免税事業者についても輸入取引についての納税義務は免除されないので注意する必要があります。

一方、課税貨物につき納税義務が生じますから、身体障害者用物品などの非課税貨物を輸入する場合には納税義務は生じません。また、海外からお土産品程度の物品を携帯輸入するような場合には、「輸入品に対する内国消費税の徴収等に関する法律」（いわゆる「輸徴法」）の規定によって、一定数量又は一定金額以下であれば関税と消費税が免税となります。

＜輸入取引の概要＞

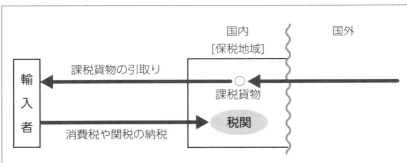

（注）　保税地域
　　貨物を関税の徴収を猶予されたまま置いておける地域をいいます。保税地域は主に港湾や空港の近くに設けられ、検査や積卸しのための貨物の一時的な蔵置、中継貿易や加工貿易の促進などのために設けられています。
　　なお、保税地域には、指定保税地域、保税蔵置場、保税工場、保税展示場、総合保税地域の５種類があります。

　通関業務上、貨物は保税地域において通関手続を行うことになりますが、輸入許可を得るための条件として、貨物についての消費税や関税を納税することが定められています。したがって、貨物の保税地域からの引取りについては、引取り段階でその貨物が消費税の課税の対象に取り込まれ、消費税の納税となりますから、この通関手続の一連の流れと納税義務には密接な関係があるのです。

Ⅳ リバースチャージ方式

1 インターネット等を介した役務の提供

　近年、インターネット等を介した電子書籍、音楽、広告の配信やクラウドサービスなどの役務の提供が目覚ましい発展を遂げていますが、国内事業者が日本国内の顧客に対してこれらの役務の提供を行う場合には、当然に消費税が課税されることになります。

　一方、これらのインターネット等を介した役務の提供については、改正前の法令では、「役務の提供を行う者の事務所等の所在地」で国内取引の判定を行うこととされていました。このため、国外事業者が、これらの役務の提供を国外の拠点から行う限り国外取引となり、たとえ日本国内の顧客に対する役務の提供であっても課税できないという問題がありました。

　そもそも消費税は、日本国内における消費支出に担税力を求める税金です。現実的に日本国内で消費される電子書籍などであるにもかかわらず、国内事業者が国内からこれらの役務の提供を行った場合には課税されるのに対し、国外事業者が国外からこれらの役務の提供を行った場合に課税されないのであれば、課税の均衡が取れません。

　そこで、平成27年10月1日以後に行われるこれらの役務の提供については、その国内取引の判定基準が見直されました。

　具体的には、電子書籍、音楽、広告の配信やクラウドサービスなどのインターネット等を介して行われる役務の提供が「電気通信利用役務の提供」と位置付けられ、その国内取引の判定基準が「役務の提供を行う者の事務所等の所在地」から「役務の提供を受ける者の住所等又は本店所在地等」へと変更されました（消法4③三）。

＜インターネット等を介した役務の提供に関する改正前の取扱い＞

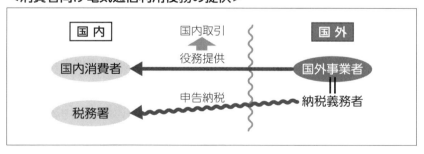

 そして、この見直しに伴い、国外事業者が国内の一般消費者に対してこの電気通信利用役務の提供を行う場合には、国内取引として課税対象となり、その国外事業者が納税義務を負うことになりました。

＜消費者向け電気通信利用役務の提供＞

 一方、国外事業者が行う電気通信利用役務の提供のうち、その役務の提供を受ける者が事業者であることが明らかなものは「事業者向け電気通信利用役務の提供」と位置付けられ、その取引に係る消費税の納税義務を役務の提供を受ける国内事業者に転換する、いわゆる「リバースチャージ方式」が導入されることになりました。

＜事業者向け電気通信利用役務の提供（リバースチャージ方式）＞

　このリバースチャージ方式では、国内事業者が国外事業者から受けた「事業者向け電気通信利用役務の提供」が「特定課税仕入れ」と位置付けられます。そして、その国内事業者が、その特定課税仕入れに係る支払対価の額につき、課税標準額に計上して納税義務を負う一方、原則として、同額を仕入税額控除の対象とし、実質的な税負担額が0となるように仕組まれています。

　なお、当分の間、原則課税を適用する課税売上割合が95％以上の事業者（課税期間における課税売上高が5億円を超えるか否かは問いません。）及び簡易課税制度を適用する事業者については、その事務負担に配慮して、この特定課税仕入れはなかったものとして取り扱うことが認められています。したがって、これらの事業者については、実務上、リバースチャージ方式部分の申告は不要ということになります。

　一方、原則課税で課税売上割合が95％未満の事業者については、リバースチャージ方式が適用されますが、個別対応方式又は一括比例配分方式によって仕入控除税額の計算を行った結果、税負担が一部発生する可能性があるので注意する必要があります。

2 芸能、スポーツ等に係る役務の提供

　平成28年4月1日以後に国外事業者が行う芸能やスポーツ等に係る役務の提供についても、その課税方法が見直されました。

　海外の芸能プロダクションが所属する歌手を国内のプロモーターが主催するコンサートに出演させる場合や外国人プロスポーツ選手が国内のスポーツ団体が主催する競技大会に出場する場合など、国外事業者によるこれらの役務の提供が、「特定役務の提供」と位置付けられました。そして、その「特定役務の提供」を受ける国内事業者側では、やはりその役務の提供が「特定課税仕入れ」と位置付けられ、リバースチャージ方式により、その特定課税仕入れにつき、その国内事業者が納税義務を負うことになりました。

＜特定役務の提供（リバースチャージ方式）＞

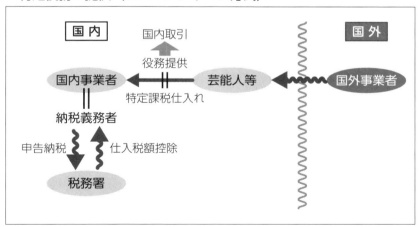

　ちなみに、この特定役務の提供については、上記1の電気通信利用役務の提供とは異なり、国内取引の判定基準についての改正は行われていません。したがって、消費税法第4条第3項第2号に規定する「役務の提供が行われた場所」によって判定を行うことになります。

消費税法における国内取引の判定基準では、その役務の提供が誰によって行われたかは問わないため、改正前も改正後も役務提供地が国内である限り、国内取引に該当することになるのです。

第2章

納税義務の免除

I 概要

　国内取引の納税義務者は、原則としてすべての事業者です。しかし、事業者といっても、年間の売上高が数千億円規模の上場企業から年間の売上高が数百万円規模の小規模事業者まで存在するわけです。これを事業者だからということで十把一絡げにして、一律に納税義務を課すということであれば、経理処理能力の違いからしてあまりにも酷です。また、課税庁側の徴税事務コストの面から見ても、零細事業者にまで納税義務を負わせるのは得策ではありません。

　そこで、現行の消費税法では「その基準期間における課税売上高が1,000万円以下の事業者」については、小規模事業者として、その納税義務を免除することにしています（消法9①）。

　なお、この納税義務の判定の基礎となる期間のことを基準期間といいますが、個人事業者については前々年、法人については原則として前々事業年度が基準期間と定められています（消法2①十四）。

＜基準期間による納税義務の判定＞

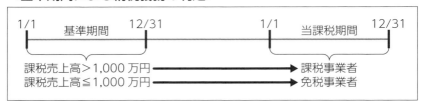

　具体的な納税義務の判定上は、その基準期間における課税売上高が1,000万円以下であれば、当課税期間は免税事業者となりますし、その基準期間における課税売上高が1,000万円を超えれば、当課税期間は課税事業者となります。

(注)　課税事業者となる場合には「課税事業者届出書（基準期間用）」を速やかに提出する必要があります。

この場合、あくまでも基準期間中の売上規模によって納税義務の判定をしますから、当課税期間中の売上規模は、この納税義務の判定に何ら影響をしません。

例えば、基準期間中の課税売上高が10万円、当課税期間中の課税売上高が1億円であったとしても、当課税期間は免税事業者に該当します。基準期間における課税売上高が1,000万円以下である限り、当課税期間の売上規模を考慮する必要はないのです。

消費税は、販売代金などへの税の転嫁を予定していますから、理論上、当課税期間の初日の段階で課税事業者なのか免税事業者なのかが確定している必要があります。

したがって、当課税期間の売上規模は判定要素となり得ません。また、前課税期間についても、その末日までを判定期間としたのでは、値札の貼り替え、レジシステム等の変更あるいは顧客への周知徹底など、税を転嫁するための準備期間が足りないことも想定されますから、やはり判定要素とはなり得ないのです。

II 基準期間

個人事業者については、その前々年が必ず基準期間となります。

一方、法人については、原則として前々事業年度が基準期間となるのですが、1年決算法人でない場合や事業年度変更などを行って1年に満たない事業年度が発生するような場合には、その基準期間の捉え方に注意する必要があります。

＜基準期間の判定フローチャート＞

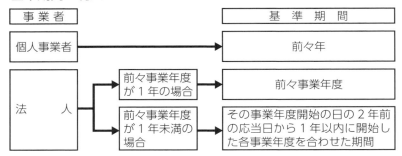

【事例】 6か月決算法人の場合

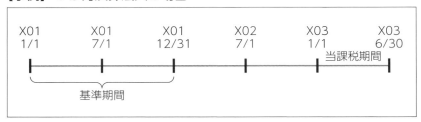

解説

前々事業年度（X02年1月1日～X02年6月30日）は1年ではありません。したがって、その事業年度開始の日（X03年1月1日）の2年前の応当日（X01年1月1日）から1年以内に開始した各事業年度（X01年1月1日～X01年6月30日、X01年7月1日～X01年12月31日）を合わせた期間（X01年1月1日～X01年12月31日）が基準期間となります。

III 基準期間における課税売上高

1 計算方法

基準期間が1年でない場合、基準期間における課税売上高の算定上は、その課税売上高を年換算することになります（消法9②）。例え

ば、法人の設立3期目の基準期間は設立1期目となりますが、設立1期目というのは設立登記の関係で1年でないケースが多いです。このような場合には、基準期間における課税売上高を年換算した上で納税義務の判定を行うことになります。

＜基準期間における課税売上高の計算＞

（注） 月数は暦に従って計算し、1か月未満の端数があるときはこれを1か月として計算します（消法9③）。例えば、基準期間が4月10日から12月31日までの場合、月数は9か月として計算します。

2 計算上の留意点

(1) 免税売上高

商品の輸出売上げなどの免税取引は、課税取引のうち一定の取引であり、基準期間における課税売上高の計算に含まれます（消基通1－4－2）。免税取引については、文字通り免税ですから当然に納税義務は生じませんが、売上規模に基づいて判定する納税義務の判定上は、その判定基準となる課税売上高の計算に含めるのです。

一方、受取配当金や保険金収入などの課税対象外取引あるいは受取利息や住宅家賃収入などの非課税取引は課税取引ではありませんので、基準期間における課税売上高の計算に含める必要はありません。また、国外取引についても課税対象外取引となりますので、やはり含める必要はありません。

(注１)　非課税資産の輸出等の金額
　　　　外国企業から貸付金利息を収受した場合や国外支店へ商品などを移送した場合には、消費税法第31条の規定により、これらの取引を免税取引とみなすことになります。
　　　　したがって、課税売上割合の計算上、本来、貸付金利息は非課税取引となりますが、これを分母だけではなく分子にも計上することになります。また、本来、国外支店への商品などの移送は課税対象外取引となりますが、やはりその対価に相当する金額（本船甲板渡し価格）を分母だけではなく分子にも計上することになります。
　　　　しかし、これはあくまでも課税売上割合の計算上の規定であり、納税義務の判定の基礎となる基準期間における課税売上高の計算には一切関係させないので注意する必要があります。
(注２)　特定資産の譲渡等及び特定課税仕入れ
　　　　リバースチャージ方式の適用対象となる特定課税仕入れは、課税資産の譲渡等ではありませんから、特定課税仕入れに係る支払対価の額及び特定課税仕入れに係る対価の返還等の金額は、基準期間における課税売上高の計算上、一切考慮しません（消基通１－４－２）。
　　　　また、消費税法第９条第２項第１号でいう課税資産の譲渡等からは、特定資産の譲渡等（事業者向け電気通信利用役務の提供及び特定役務の提供）が除かれます（消法５①）。したがって、特定資産の譲渡等についても基準期間における課税売上高の計算上、一切考慮しません。
　　　　ちなみに、課税売上割合や95％ルールの判定の基礎となる当課税期間における課税売上高の計算上も特定課税仕入れ及び特定資産の譲渡等は考慮しません。

(2) 税抜処理

　基準期間における課税売上高は、税抜金額で算定します。したがって、課税売上高については税抜処理を行うことになりますが、免税売上高については、もともと課税されておらず、その売上げに消費税等

が含まれていませんので、税抜処理を行うことはできません。

　なお、基準期間自体が免税事業者である場合には、その基準期間中に行った課税売上げについて消費税等が課されていません。したがって、その課税売上げに消費税等が含まれていないため、たとえ課税売上げであっても税抜処理はできないので注意する必要があります。

＜基準期間が免税事業者の場合＞

　ちなみに、免税事業者が売上代金に消費税相当額を転嫁し、売上代金を税込金額で受領することは一般的に行われているところですが、この行為に関して消費税法上は何の罰則規定もありません。言うなれば、免税事業者が税込金額で受領しても納税義務はありませんから、消費税相当額が懐に残ることになります。ただ、免税事業者であっても、仕入れは税込金額で行うことになるわけですから致し方ないのかもしれません。

　しかし、このように免税事業者が税込金額で売上代金を受領していたとしても、やはりその課税売上げにつき税抜処理はできません（消基通１－４－５）。この場合、消費税等の名目で受領した金額については、あくまでも売上代金の一部と考えることになります。

【各取引に関する計算上の取扱い】

取　引	取扱い
免税期間中に発生した課税取引	税抜処理しないで含める
免税取引	税抜処理しないで含める
非課税取引	関係させない
課税対象外取引	関係させない
特定資産の譲渡等	関係させない
特定課税仕入れ	関係させない

(3) 値引き、返品、割戻しなどの取扱い

　基準期間における課税売上高は、売上げについての値引き、返品、割戻しがあった場合には、これらの返還等の金額を控除した後の純売上高で算定します。したがって、課税売上げだけではなく、免税売上げについて、値引き、返品、割戻しがあった場合にも総売上高からこれらの返還等の金額を控除することになります。

　なお、この場合、課税売上げに係る返還等の金額は税抜処理を行いますが、免税売上げに係る返還等の金額についてはやはり税抜処理は行いません。

① 控除対象

　　総売上高から控除する対象には、値引き、返品、割戻しのほか、売上割引や取引高あるいは取引数量に応じて支払う販売奨励金も含まれます。

　　売上割引については、会計上、支払利息の性質を有することから営業外費用として処理しますが、消費税法上はあくまでも売上げの一部返還と考えますので、これを総売上高から控除することになります。

② 控除時期

売上げとその返還等の期間対応を考慮する必要はありません。例えば基準期間前の課税期間中に発生した売上げについて基準期間中に返還等が発生した場合、この返還等の金額については、あくまでも基準期間中の総売上高から控除することになります。

③ 基準期間前の課税期間が免税事業者の場合

基準期間前の課税期間が免税事業者であった場合には注意が必要です。

例えば、基準期間前の免税事業者であった課税期間中に発生した課税売上げにつき、基準期間中に返還等が発生した場合、やはり基準期間中の総売上高から返還等の金額を控除することになります。ただし、免税事業者であったときの課税売上高には消費税等が含まれていないことから、その返還等の金額について税抜処理をせず、その返還等の金額の全額を控除することになります。

＜基準期間前の課税期間が免税事業者の場合＞

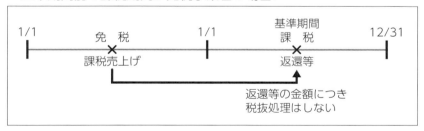

(4) 貸倒損失などの取扱い

売掛債権について貸倒損失が発生した場合や貸倒損失として処理した後に貸倒回収を行ったとしても、これらの金額については、売上げの調整項目ではありませんから、総売上高から控除又は総売上高に加算したりはしません（消基通1-4-2）。

(5) 算定単位

　基準期間における課税売上高は、必ず事業者単位で算定することになります（消基通1－4－4）。したがって、本店ごと、支店ごとというように、事業所単位で算定することは認められないので注意する必要があります。

Ⅳ 新規開業等の場合

　個人事業者の基準期間はその年の前々年、法人の基準期間は、原則としてその事業年度の前々事業年度となりますから、新規開業などの場合、その1年目と2年目については、結果として納税義務が免除されることになります。

　消費税は税の転嫁を予定している税金ですから、あくまでも基準期間における売上規模によって納税義務の判定を行えばよく、当課税期間の売上規模は一切考慮しません。したがって、たとえ開業年からその課税売上高が1,000万円を超えていようとも、ある意味割り切って判断をすればよいのです。

　なお、この場合であっても、課税事業者を選択した場合や新設法人の特例の適用がある場合など、各種特例が適用される場合には、開業年から課税事業者となる場合があるので注意する必要があります（消基通1－4－6）。

1 新規開業の個人事業者

　個人事業者の開業1年目や2年目については、その基準期間は存在するわけですが、その課税売上高がないことから、原則として免税事業者となります。

一方、開業3年目については、その基準期間が開業1年目となります。この場合、開業1年目の中途で開業したケースでは、実質的に事業を行っていた期間は1年に満たないことになります。しかし、この場合であっても、下記2の新設法人のケースとは異なり、その期間中の課税売上高を年換算しないので注意する必要があります。

個人事業者の場合は、年換算という概念がありませんので、たとえ年の中途で開業した場合であっても、あるいは年の中途で廃業した場合であっても、その実質的に事業を行っていた期間中の課税売上高を1年間分の実績として判定することになります。

【事例】新規開業の個人事業者

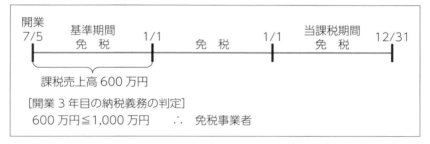

解説

開業1年目及び2年目については、その基準期間が開業前であり、課税売上高がありませんから免税事業者となります。

一方、開業3年目については、開業1年目が基準期間となります。実質的に7月5日から12月31日までの実績となりますが、年換算を行いません。したがって、課税売上高が1,000万円以下となり、やはり免税事業者となります。

なお、基準期間が免税事業者となりますから、その課税売上高の算定上、税抜処理はできません。

2 新設法人

　法人の設立1期目や2期目については、基準期間自体が存在しません。基準期間が存在しない以上、当然に課税売上高は0円となりますから、設立1期目や2期目については、原則として免税事業者となります。

　一方、設立3期目については、上記1の個人事業者のケースとその取扱いが異なるので注意する必要があります。設立3期目については、その基準期間が設立1期目となりますが、設立1期目については1年に満たないケースが多いです。このように基準期間となる設立1期目が1年でない場合には、必ずその課税売上高を年換算の上、納税義務の判定を行うことになります。

【事例】新設法人

解説

　設立1期目及び2期目については、その基準期間が存在しませんから免税事業者となります。

　一方、設立3期目については、設立1期目が基準期間となります。設立1期目は6か月となるので、これを年換算し、その課税売上高が1,000万円超となりますから課税事業者となります。

　なお、基準期間が免税事業者となりますから、その課税売上高の算

定上、税抜処理はできません。

3 法人成り

　個人としての事業を設立した法人に引き継がせる行為を俗に「法人成り」といいます。

　法人成りの場合、確かに事業形態は個人から法人へと変わるわけですが、その事業内容まで変わるわけではありません。その業種が変わるわけでもないですし、その取引先や取引金融機関だって基本的には変わらないでしょう。このように、法人成りの場合は、その事業上の実質的な継続性があるのが一般的です。

　ところで、法人成り後の設立1期目及び2期目については、法人自体の基準期間は存在しないわけですが、事業上の実質的な継続性を考えると、法人設立前の個人事業者だった期間中の実績を考慮するのかどうか疑問が生ずるところです。

　しかし、これについては、まったく別物と考えることになります。個人と法人とはまったくの別人格であり、いくら事業上の継続性があったとしても、個人事業者だった期間中の実績を考慮する必要はありません（消基通1－4－6（注））。

　したがって、その新設法人の設立1期目及び2期目については、基準期間が存在しない以上、原則として免税事業者となります。

<法人成り>

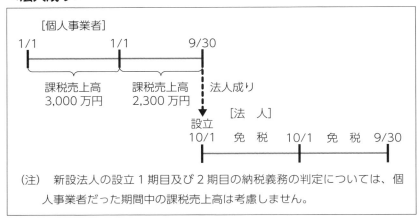

(注) 新設法人の設立1期目及び2期目の納税義務の判定については、個人事業者だった期間中の課税売上高は考慮しません。

　なお、個人事業者の最後の課税期間が課税事業者である場合には注意する必要があります。個人事業者が法人成りを行う場合、事業用の固定資産などを個人から法人に引き継ぐケースがあります。この場合、通常ですと会計上は帳簿価額で引き継ぐことが多いと思いますが、税務上は、帳簿価額による個人から法人への資産の譲渡となります。したがって、その資産が課税資産であれば、帳簿価額を対価とする課税売上げとなりますから、これも含めて消費税の確定申告を行うことになります。

第3章

課税事業者の選択

I 課税事業者選択届出書

設備投資などにより、仕入れに係る消費税額が売上げに係る消費税額を上回った場合には、確定申告を行うことにより消費税の還付を受けることができます。ただし、免税事業者は確定申告書の提出ができませんので、免税事業者のままでは絶対に還付は受けられません。そこで、免税事業者が還付を受ける場合には、課税事業者選択届出書を提出して、いったん課税事業者を選択する必要があるのです。

1 提出時期

課税事業者選択届出書の効力は、原則として、その提出日の属する課税期間の翌課税期間から発生することになります（消法9④）。したがって、あくまでも課税事業者選択届出書は事前提出が原則であり、その提出時期は、課税事業者を選択しようとする課税期間の直前の課税期間の初日からその直前の課税期間の末日までとなります。

＜課税事業者の選択による還付＞

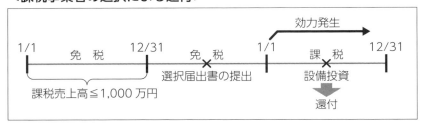

この課税事業者選択届出書を期日までに提出しなかったがために、多額の還付税額が海の藻屑に消えます。したがって、課税事業者の選択手続は、実務上、絶対にミスが許されません。それにもかかわらず、数ある消費税に関する届出書の中でも、この課税事業者選択届出書の提出失念によるトラブルが後を絶ちません。

単純に届出書を出し忘れたという初歩的なミスもあるようですが、中には、会計事務所が設備投資の発生する課税期間が始まってからその設備投資の予定をクライアントから聞かされるというケースもあるようです。ただ、このケースもヒアリングさえしておけばミスは防げるわけです。とにかく事前提出が鉄則ですから、クライアントからのヒアリングは密に行いたいものです。そして、万が一、届出書の提出を失念してしまったような場合には、後述する課税期間の短縮制度の活用を検討すべきです。

2 提出時期の特例

事業開始課税期間など、届出書の事前提出ができない特殊ケースについては、提出時期に関する特例が認められています。

この場合、課税事業者選択届出書の効力は、その提出日の属する課税期間から発生しますから、その提出時期は、課税事業者を選択しようとする課税期間の初日からその課税期間の末日までとなります（消法9④カッコ書き）。

＜事業開始課税期間からの課税選択＞

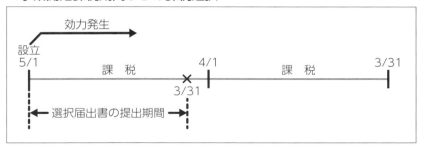

なお、この特例が認められるのは、消費税法施行令第20条に限定列挙されている課税期間だけであり、拡大解釈は認められないので注意する必要があります。

【提出時期の特例が認められる課税期間】（消令20）

・事業者が国内において課税資産の譲渡等に係る事業を開始した日の属する課税期間
・相続人が相続により課税事業者を選択していた被相続人の事業を承継した場合におけるその相続があった日の属する課税期間
・合併法人が吸収合併により課税事業者を選択していた被合併法人の事業を承継した場合におけるその吸収合併があった日の属する課税期間
・分割承継法人が吸収分割により課税事業者を選択していた分割法人の事業を承継した場合におけるその吸収分割があった日の属する課税期間

(1) 事業を開始した日の属する課税期間の留意点

法人の場合、「国内において課税資産の譲渡等に係る事業を開始した日の属する課税期間」は、原則として、その設立課税期間となります。しかし、設立課税期間ではないものの、実質的に設立課税期間と同様の状態にある課税期間についても、特例の適用を認めることとしています。

【法人の事業を開始した課税期間の範囲】（消基通１－４－７）

その事業者が法人である場合の令第20条第１号《事業を開始した日の属する課税期間等の範囲》に規定する「国内において課税資産の譲渡等に係る事業を開始した日の属する課税期間」とは、原則として、その法人の設立の日の属する課税期間をいうのであるが、例えば、非課税資産の譲渡等に該当する社会福祉事業のみを行っていた法人又は国外取引のみを行っていた法人が新たに国

> 内において課税資産の譲渡等に係る事業を開始した課税期間もこれに含まれるのであるから留意する。
> 　なお、設立の日の属する課税期間においては設立登記を行ったのみで事業活動を行っていない法人が、その翌課税期間等において実質的に事業活動を開始した場合には、その課税期間等もこれに含むものとして取り扱う。

　なお、ここでいう「課税資産の譲渡等に係る事業を開始した日」とは、課税資産の譲渡等を開始した日のみを意味するのではないことに注意する必要があります。その事業を行うために必要な事務所や店舗等の賃貸借契約の締結、商品や資材等の仕入れなど、その準備行為を行った日も「課税資産の譲渡等に係る事業を開始した日」に該当するのです。

　一方、長らく休眠していた法人が事業を再開した場合や長期間にわたり休業していた個人事業者が再開業したような場合には、事業を再開する課税期間の直前の課税期間において届出書の提出を行うことが困難な場合もあります。そこで、事業を再開する課税期間開始の日の前日まで2年以上にわたって課税資産の譲渡等や課税仕入れ等がなかった場合には、新設法人や新規開業の個人事業者と同様に取り扱うこととされています。

【過去2年以上課税資産の譲渡等がない場合】（消基通1－4－8）

> 　令第20条第1号《事業を開始した日の属する課税期間等の範囲》に規定する「課税資産の譲渡等に係る事業を開始した日の属する課税期間」には、その課税期間開始の日の前日まで2年以上にわたって国内において行った課税資産の譲渡等又は課税仕入れ

> 及び保税地域からの課税貨物の引取りがなかった事業者が課税資産の譲渡等に係る事業を再び開始した課税期間も該当するものとして取り扱う。

　これにより、2年以上休眠状態にあった法人や2年以上休業していた個人事業者が事業を再開した課税期間の末日までに課税事業者選択届出書を提出すれば、その課税期間から課税選択を行うことができます。

　なお、私見ですが、上記の消費税法基本通達1－4－7及び1－4－8の取扱いにかかわらず、課税事業者選択届出書はセオリーどおりに事前提出を行うべきものと考えます。例えば、2年以上にわたり取引がなく、再開業に当たって消費税法基本通達1－4－8の適用を受けたとしましょう。ところが、税務調査などにより売上げの帰属時期に修正が入り、何もなかったはずの2年間に課税売上げが発生したではシャレにもなりません。消費税の課税選択手続については、絶対にミスが許されないわけですから、上記の基本通達はあくまでも保険と考え、届出書については、できうる限り事前提出を行うのがやはり安全なのではないでしょうか。

(2) 事業開始課税期間の翌課税期間からの課税選択

　課税事業者選択届出書の効力は、その提出日の属する課税期間の翌課税期間から発生するのが原則です。したがって、課税事業者選択届出書を提出した課税期間が事業開始課税期間に該当する場合であっても、当然に事業開始課税期間の翌課税期間から課税事業者を選択することはできます（消基通1－4－14）。

　なお、この場合には課税事業者選択届出書において適用開始課税期間の初日の年月日を明確にする必要があるので注意したいです。

＜設立1期目からの課税選択＞

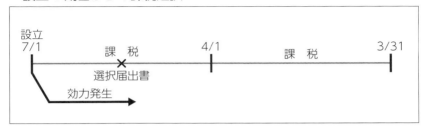

＜設立2期目からの課税選択＞

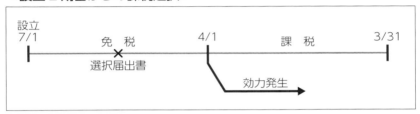

(3) 相続、吸収合併又は吸収分割があった課税期間の留意点

　課税事業者選択届出書を提出し、仕入れに係る消費税額の還付を受ける予定だった被相続人の事業を相続によって相続人が承継した結果、相続人側で改めて還付が受けられる場合があります。この場合、相続人がもともと課税事業者ならば確定申告によって還付を受ければよいわけですが、相続人が免税事業者の場合には、相続人が新たに課税選択を行う必要があります。

　しかし、相続人がその相続の発生した課税期間の直前の課税期間において、相続が発生することを予期することは難しく、原則どおりに届出書を事前提出することは困難です。そこで、相続が発生した課税期間については、そのような事情を考慮して、相続が発生した課税期間の末日までに届出書を提出することによって、相続が発生した課税期間から課税選択を行うことが認められています。

なお、この特例を適用する場合には、次の要件を満たす必要があります。

【相続があった課税期間の特例の適用要件】（消令20二、消基通1－4－12）

① 相続人が改めて課税事業者選択届出書を提出すること
② 被相続人が課税選択を行っていること

課税事業者選択届出書の効力は、相続によって引き継がれることはありません。したがって、相続人が改めて課税事業者選択届出書を提出する必要があります。

また、被相続人が課税事業者を選択しているからこそ、その事業承継をした相続人にもその引き継ぎを考慮して課税事業者の選択を認めるわけですから、そもそも被相続人が課税事業者を選択していない場合には、この特例の適用はありません。

(注) 吸収合併があった場合又は吸収分割があった場合にも、同様の趣旨の特例が認められています（消令20三、四、消基通1－4－13、1－4－13の2）。

なお、事業を営んでいなかった相続人が相続によって始めて事業を開始した場合には、その相続があった課税期間が事業開始課税期間となります。したがって、この場合には被相続人が課税事業者を選択しているか否かにかかわらず、相続があった課税期間の末日までに届出書を提出することによって、相続があった課税期間から課税事業者を選択することができます。

【事例1】 特例の適用がある場合

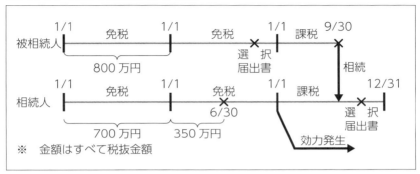

※ 金額はすべて税抜金額

解説

① 納税義務の判定

相続が発生した年の納税義務の有無は次のようになります。

(イ) 基準期間による判定

700万円 ≦ 1,000万円 ∴ 納税義務なし

(ロ) 特定期間による判定

350万円 ≦ 1,000万円 ∴ 納税義務なし

(ハ) 相続の特例による判定

800万円 ≦ 1,000万円 ∴ 納税義務なし

② 課税事業者の選択

被相続人が課税事業者の選択を行っており、提出時期の特例の適用があります。したがって、相続人は相続があった課税期間より課税事業者の選択を行うことができます。

なお、課税事業者選択届出書の効力は、相続があった日の翌日からではなく、1月1日に遡って発生します。したがって、1月1日から12月31日までの期間中の金額に基づいて確定申告を行うことになります。

【事例２】 特例の適用がない場合

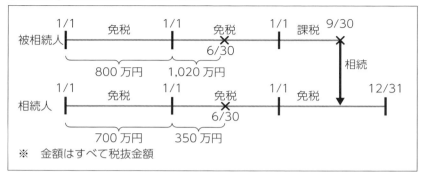

※ 金額はすべて税抜金額

解説

① 納税義務の判定

相続が発生した年の納税義務の有無は次のようになります。

(イ) 基準期間による判定

700万円≦1,000万円 ∴ 納税義務なし

(ロ) 特定期間による判定

350万円≦1,000万円 ∴ 納税義務なし

(ハ) 相続の特例による判定

800万円≦1,000万円 ∴ 納税義務なし

（注） 相続の特例による判定に当たっては、被相続人の特定期間における課税売上高（1,020万円）を考慮する必要はありません。

② 課税事業者の選択

被相続人の基準期間における課税売上高（800万円）は1,000万円以下ですが、特定期間における課税売上高（1,020万円）は1,000万円超ですので、被相続人の相続があった課税期間は課税事業者となります。

この場合、被相続人が相続があった課税期間において課税事業者であることは上記【事例１】と同じなのですが、被相続人が課

税事業者の選択を行っていませんから、提出時期の特例の適用はありません。

【事例３】相続によって事業を開始した場合

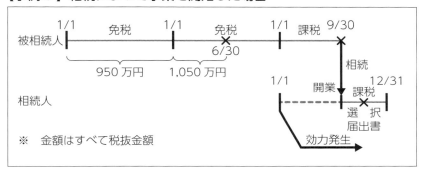

解説

① 納税義務の判定

相続が発生した年の納税義務の有無は次のようになります。

(イ) 基準期間による判定

0円≦1,000万円　∴　納税義務なし

(ロ) 特定期間による判定

0円≦1,000万円　∴　納税義務なし

(ハ) 相続の特例による判定

950万円≦1,000万円　∴　納税義務なし

(注) 相続の特例による判定に当たっては、被相続人の特定期間における課税売上高（1,050万円）を考慮する必要はありません。

② 課税事業者の選択

被相続人の基準期間における課税売上高（950万円）は1,000万円以下ですが、特定期間における課税売上高（1,050万円）は1,000万円超ですので、被相続人の相続があった課税期間は課税事業者となります。

ここで、相続人については事業開始課税期間となりますから、被相続人が課税事業者の選択を行っていなかったとしても提出時期の特例の適用があります。したがって、相続人は相続があった課税期間より課税事業者の選択を行うことができます。

II 課税事業者選択不適用届出書

1 提出時期

　免税事業者が課税事業者を選択し、首尾よく還付を受けた場合には、課税事業者選択不適用届出書を提出し、当初の課税事業者選択届出書の効力を失効させる必要があります。

　この場合、課税事業者選択不適用届出書の提出があった課税期間の翌課税期間から当初の課税事業者選択届出書の効力は失効します（消法９⑧）。したがって、課税事業者選択不適用届出書についても事前提出となり、その提出時期は、課税事業者の選択をやめようとする課税期間の直前の課税期間の初日からその直前の課税期間の末日までとなります。

　ちなみに、課税事業者選択届出書とは異なり、課税事業者選択不適用届出書には提出時期の特例がありません。課税事業者選択不適用届出書は、例外なく事前提出となるので注意する必要があります。

　なお、課税事業者選択不適用届出書の提出により、免税事業者を選択できるわけではありません。単に課税事業者選択届出書の効力を失効させたに過ぎませんから、基準期間おける課税売上高又は特定期間における課税売上高が1,000万円を超える課税期間においては、当然に課税事業者となります。

<不適用届出書の提出>

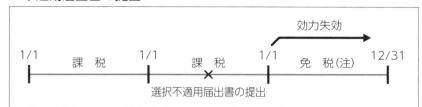

（注） 基準期間又は特定期間における課税売上高が1,000万円を超える場合には、たとえ課税事業者選択不適用届出書を提出しても免税事業者とはなりません。

（注） 事業を廃止する場合にも「課税事業者選択不適用届出書」の提出が必要です（消法9⑤）。なお、「事業廃止届出書」又は事業を廃止した旨の記載がある「課税期間特例選択不適用届出書」、「簡易課税制度選択不適用届出書」若しくは「任意の中間申告書を提出することの取りやめ届出書」の提出があった場合には、この「課税事業者選択不適用届出書」の提出は省略することができます（消基通1－4－15）。

2 届出の制限

　課税事業者選択届出書を提出し、いったん課税事業者を選択した事業者については、課税事業者選択不適用届出書の提出が一定期間制限されるので注意する必要があります。

【課税事業者選択不適用届出書の提出制限】（消法9⑥）

> 　課税事業者を選択した事業者は、事業を廃止した場合を除き、課税事業者を選択した課税期間の初日から2年を経過する日の属する課税期間の初日以後でなければ課税事業者選択不適用届出書を提出することができない。

（注） 課税事業者を選択した事業者が調整対象固定資産を取得した場合には、課税事業者選択不適用届出書の提出がさらに制限されます（第7章－Ⅰ－2参照）。

この場合、課税事業者選択不適用届出書の提出があったとして、その提出があった課税期間の翌課税期間から当初の課税事業者選択届出書の効力が失効しますので、結果として、いったん課税事業者を選択した事業者については、原則として2年間は課税事業者として拘束されることになります。

＜課税事業者としての拘束期間＞

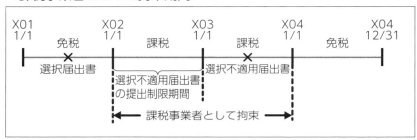

なお、新設法人が設立1期目から課税事業者を選択した場合や個人事業者が開業1年目から課税事業者を選択した場合には、その拘束期間が2年間とはならない場合があるので注意する必要があります。

【事例1】新設法人の場合

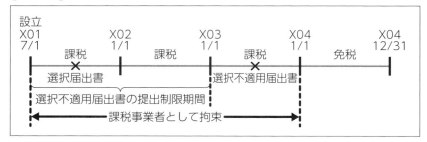

解説

課税事業者を選択した課税期間の初日（X01年7月1日）から2年を経過する日（X03年6月30日）の属する課税期間の初日（X03年1月1日）以後であれば課税事業者選択不適用届出書を提出できます。

この結果、2年6か月の間、課税事業者として拘束されます。

【事例2】 新規開業した個人事業者の場合

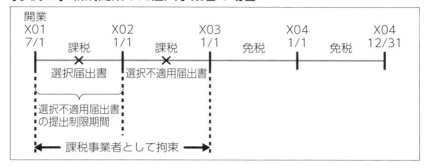

解説

　課税事業者を選択した課税期間の初日（X01年1月1日）から2年を経過する日（X02年12月31日）の属する課税期間の初日（X02年1月1日）以後であれば課税事業者選択不適用届出書を提出できます。

　この結果、実質的に1年6か月の間、課税事業者として拘束されます。

　課税事業者の選択手続を行う上で、まず重要なことは、課税事業者として強制的に拘束される期間がいつまでになるのかを確認しておくことです。そして、課税事業者選択届出書を提出する前にその拘束期間中のトータルの税額がどのくらいになるのかをあらかじめシミュレーションしておくことです。

　免税事業者が課税事業者選択届出書を提出し、あえて課税選択を行うのは、消費税額の還付を受けるためです。ところが、課税選択1年目の課税期間において、設備投資による還付を受けたものの、その後の課税期間においては納付税額が発生するというケースが現実的に多いわけです。

ここで、ただ単に設備投資による還付税額を受領するということだけで課税選択を行ってしまうと、その後に課税事業者として拘束される期間中の納付税額が、その還付税額を上回った場合にトラブルとなるケースがあります。

　また逆に、たとえ設備投資による還付税額をその後の納付税額が上回ったとしても、資金繰りを考慮してあえて課税選択に踏み切るという選択肢もあるのかもしれません。

　いずれにしても、実務上は、事前に課税事業者として拘束される期間中のトータルの税額をシミュレーションした上で、最終的に課税選択を行いたいものです。そして、会計事務所などは、クライアントなどへ、その納税計画などを事前に通知しておくべきです（予期せぬ納税はトラブルの元です。）。

　なお、課税事業者選択不適用届出書を提出し、課税選択の拘束を解いてニュートラルな状態に戻すまでが一連の手続です。課税事業者選択届出書を提出し、還付税額を受領して終わりではありません。会計事務所などは最後までしっかりと責任を持つべきものと考えます。

III　その他届出に係る留意点

1　特例承認申請制度

(1) 制度の概要

　免税事業者が仕入れに係る消費税額の還付を受けるためには、事前に課税事業者選択届出書を提出する必要があります。ところが、届出書を提出するはずだった課税期間に災害等が発生し、届出書の提出どころではなかった、結果として、届出書の提出ができなかったというケースも考えられます。

一方、課税選択をしていた被相続人の事業をその相続人が承継し、その相続人が改めて課税選択を行う場合には、届出書の提出時期の特例により、その相続が発生した年の末日までに課税事業者選択届出書を提出することによって、その相続があった課税期間から課税選択を行うことが認められています。ところが、その相続が発生したのが年末近くだった場合、現実的にその年末までに届出書を提出するのは困難です。

　そこで、このようなケースでは、事後に承認申請を行い、税務署長の承認を受けることにより、本来、課税事業者選択届出書を提出すべき課税期間の末日において、その提出があったものとして取り扱われることになっています（消法9⑨、消令20の2）。

　なお、課税事業者選択不適用届出書の提出に関しても、災害等が発生した場合には同様の特例承認申請が認められています。

(2) 承認申請手続

① 承認申請ができる場合

　承認申請ができるのは、あくまでも災害や相続といった次に掲げるやむを得ない事情がある場合だけです。単に届出書の提出を失念した場合や法令を知らなかったために届出書の提出を失念したという場合には、当然に承認申請は認められません。

【やむを得ない事情の範囲】（消基通1－4－16）

(イ)　震災、風水害、雪害、凍害、落雷、雪崩、がけ崩れ、地滑り、火山の噴火等の天災又は火災その他の人的災害で自己の責任によらないものに基因する災害が発生した場合

(ロ)　(イ)に掲げる災害に準ずるような状況又はその事業者の責めに帰することができない状態にある場合

(ハ)　その課税期間の末日前おおむね1か月以内に相続があったことにより、その相続人が新たに課税事業者選択届出書を提出できる個人事業者となった場合

　(ニ)　(イ)から(ハ)までに準ずる事情がある場合で、税務署長がやむを得ないと認めた場合

② 申請期限

　承認申請の期限は、上記①のやむを得ない事情がやんだ日から2か月以内です（消基通1－4－17）。

　したがって、災害等の場合には、例えば5月31日に災害等がやんだのであれば7月31日までが申請期限となります。

　また、相続の場合には、その課税期間の末日にやむを得ない事情がやんだものとして取り扱われますから、翌年の2月末日までが申請期限となります。

（注）　災害のやんだ日の意義

　　「災害のやんだ日」とは、災害が引き続き発生するおそれがなくなり災害復旧に着手できる状態になったときをいうものとされています（「災害被害者に対する租税の減免、徴収猶予等に関する法律（間接国税関係）の取扱いについて」7－4）。

③ 申請書類

　承認申請を行う場合には、「課税事業者選択（不適用）届出に係る特例承認申請書」と「課税事業者選択届出書」又は「課税事業者選択不適用届出書」を必ずセットで提出します。

　なお、この承認申請に関しては自動承認規定がありません。したがって、税務署長による承認又は却下の処分がありますから、「課税事業者選択（不適用）届出に係る特例承認申請書」は、税

務署長からの通知用も含めて2通提出となります。

【事例1】 災害が発生した場合の承認申請

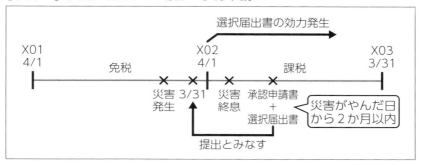

解説

本来はX02年3月31日までに課税事業者選択届出書を提出すべきところを災害によりその提出ができなかったとしても、災害がやんだ日から2か月以内に承認申請を行い、税務署長の承認が得られれば、X02年3月31日に課税事業者選択届出書の提出があったものとして取り扱われます。

(注) 事業開始課税期間の場合

事業開始課税期間において災害等が発生し、課税事業者選択届出書の提出ができなかったケースにおいても、この特例承認申請制度によって、その事業開始課税期間の末日に届出書の提出があったものとして取り扱われます（消令20の2①カッコ書き）。

【事例2】 年末近くに相続が発生した場合の承認申請

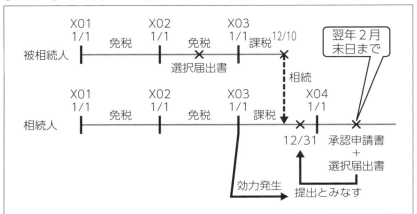

解説

本来はX03年12月31日までに課税事業者選択届出書を提出すべきところを年末近くに相続があったため、その提出ができなかったとしても、X04年2月28日までに承認申請を行い、税務署長の承認が得られれば、X03年12月31日に課税事業者選択届出書の提出があったものとして取り扱われます。

(注) 被相続人が課税選択を行っていない場合

　　このケースで被相続人が課税選択を行っていない場合には、そもそも届出書の提出時期の特例の適用がありませんから、この特例承認申請も認められません。

【事例３】 相続によって相続人が事業を開始した場合の承認申請

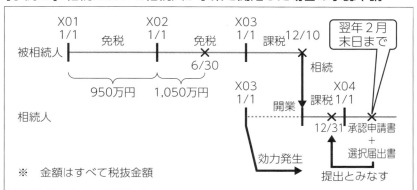

解説

　本来はＸ03年12月31日までに課税事業者選択届出書を提出すべきところを年末近くに相続があったため、その提出ができなかったとしても、Ｘ04年２月28日までに承認申請を行い、税務署長の承認が得られれば、Ｘ03年12月31日に課税事業者選択届出書の提出があったものとして取り扱われます。

　相続人は、開業課税期間として、新たに課税事業者選択届出書を提出できることとなったわけですから、被相続人が課税選択を行っているかどうかにかかわらず、この特例承認申請が認められることになります。

2 期間短縮制度の活用

　課税事業者選択届出書及び課税事業者選択不適用届出書は、事前提出が大原則となります。しかし、万が一、本来の提出期限までにこれらの届出書の提出を失念してしまった場合には、課税期間の短縮制度の活用を検討してみる必要があります。

(1) 期間短縮制度の概要

　消費税法における課税期間は、個人事業者については1月1日から12月31日まで、法人については事業年度と定められています（消法19①一、二）。

　したがって、原則は1年間となるのですが、輸出専門業者などのように経常的に還付が発生する事業者の資金繰りを考慮して、このような事業者がこまめに還付が受けられるよう、その課税期間を3か月又は1か月に短縮することが認められています。

＜課税期間のサイクル＞

　ここで、原則1年間から3か月若しくは1か月に短縮する場合、3か月から1か月に変更する場合又は1か月から3か月に変更する場合には「課税期間特例選択・変更届出書」を提出します。また、3か月又は1か月から原則1年間に戻す場合には「課税期間特例選択不適用届出書」を提出します（法19①三〜四の二、③）。

なお、課税期間をいったん3か月に短縮した事業者が1か月に変更する場合や原則1年間に戻す場合あるいは課税期間をいったん1か月に短縮した事業者が3か月に変更する場合や原則1年間に戻す場合には、すぐにその課税期間を変えることはできません。3か月又は1か月の課税期間を原則として2年間適用した後でなければ、その課税期間を変えることができないルールとなっています（法19⑤）。

　したがって、いったん3か月又は1か月に短縮したからには、少なくとも2年の間は3か月又は1か月ごとに確定申告を行うことになります。確かに手間暇はかかるわけですが、節税のためには背に腹は代えられないケースがありますので、ここでその活用法を紹介していきます。

(2) 期間短縮制度の活用例

　免税事業者が、設備投資などにより仕入れに係る消費税額の還付を受ける場合には、課税事業者選択届出書を提出し、課税事業者を選択することになります。

　この場合、課税期間の短縮制度を活用したとして、その後の確定申告事務を考慮すると、できるだけ手間暇をかけたくないわけですから、できることなら3か月への短縮を選択したいところです。しかし、その設備投資のタイミングによっては、1か月への短縮しか選択できない場合があるので注意する必要があります。

　また、これらの制度を活用した場合にどのように課税期間が区切れてくるのか、あるいはいつから原則1年間に戻れるのかといったところにも注意する必要があります。

【事例１】 ３か月への期間短縮

免税事業者である個人事業者Ａは、Ｘ01年４月中に建物の完成引渡しを受けます。本来は、その前年12月31日までに課税事業者選択届出書を提出すべきところ、これを失念してしまい、Ｘ01年に入っています。

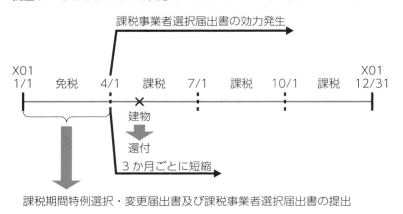

解説

① 手続

(イ) Ｘ01年１月１日～Ｘ01年３月31日中に課税期間を３か月ごとに短縮する「課税期間特例選択・変更届出書」及び「課税事業者選択届出書」を提出します。

（注） 課税期間を１か月ごとに短縮する課税期間特例選択・変更届出書を提出することも可能ですが、その後の確定申告の手間を考えた場合には、３か月ごとに短縮する課税期間特例選択・変更届出書を提出すべきです。

(ロ) Ｘ04年１月１日～Ｘ04年３月31日中に「課税期間特例選択不適用届出書」及び「課税事業者選択不適用届出書」を提出します。

（注） これは一つの例であり、課税期間特例選択不適用届出書については状況に応じて提出するようにしてください。

② 課税期間

　課税期間特例選択・変更届出書の効力は、その提出日の属する3か月ごとの期間（1/1～3/31、4/1～6/30、7/1～9/30、10/1～12/31のうち1/1～3/31）の翌期間（4/1～6/30）の初日以後に発生します（消法19②）。

　したがって、課税期間はX01年4月1日以後3か月ごとに短縮されます。

　なお、X01年1月1日～X01年3月31日は、みなし課税期間として一課税期間となります（消法19②一）。

③ 課税選択

　課税選択は暦年単位あるいは事業年度単位で行うものではなく、あくまでも課税期間単位で行うものです。

　したがって、X01年1月1日～X01年3月31日課税期間中に課税事業者選択届出書を提出することによって、その翌課税期間であるX01年4月1日～X01年6月30日課税期間以後、課税事業者となります。

　この結果、X01年4月1日～X01年6月30日課税期間の確定申告において仕入れに係る消費税額の還付を受けることができます。

④ 選択不適用届出書

　課税期間の短縮をやめようとする場合には、「課税期間特例選択不適用届出書」を提出する必要があります（消法19③）。

　X04年1月1日～X04年3月31日課税期間中に課税期間特例選択不適用届出書を提出すると当初の課税期間特例選択・変更届出書の効力はX04年4月1日以後に失効します（消法19④）。

この場合、あくまでもX05年1月1日以後に原則である1年サイクルの課税期間（X05年1月1日～X05年12月31日）に戻りますので、X04年4月1日～X04年12月31日がみなし課税期間として一課税期間となります（消法19④一）。

＜図解1＞

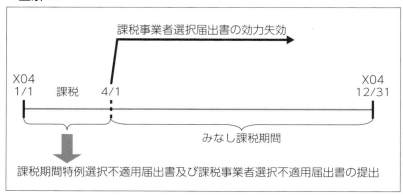

　また、建物は調整対象固定資産に該当することから、調整対象固定資産を取得した日の属する課税期間の初日（X01年4月1日）から3年を経過する日（X04年3月31日）の属する課税期間の初日（X04年1月1日）以後でなければ課税事業者選択不適用届出書を提出することはできません（消法9⑦）（第7章－Ⅰ－2参照）。

　この場合、X04年1月1日～X04年3月31日課税期間中に課税事業者選択不適用届出書を提出するとX04年4月1日～X04年12月31日課税期間以後に当初の課税事業者選択届出書の効力が失効します。

⑤　課税期間特例選択不適用届出書の提出時期

　課税期間特例選択不適用届出書は、事業を廃止した場合を除き、届出の効力が生じた日（X01年4月1日）から2年を経過す

る日（X03年3月31日）の属する3か月ごとの期間の初日（X03年1月1日）以後であれば提出することができます（消法19⑤）。

<図解2>

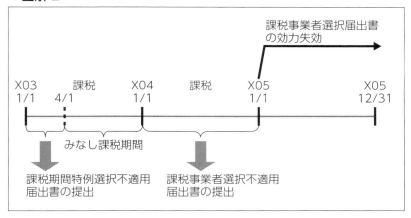

　例えば、最短でX03年1月中に課税期間特例選択不適用届出書を提出したとして、当初の課税期間特例選択・変更届出書の効力が失効するのはX03年4月1日以後となります。

　この場合、X03年4月1日～X03年12月31日がみなし課税期間となり、X04年1月1日以後に原則である1年サイクルの課税期間（X04年1月1日～X04年12月31日）に戻ります。

　ここで、課税事業者選択不適用届出書は、X04年1月1日以後であれば提出することができますので、X04年1月1日～X04年12月31日課税期間中に課税事業者選択不適用届出書を提出するとX05年1月1日～X05年12月31日課税期間以後、当初の課税事業者選択届出書の効力が失効します。

　この結果、上記のケースに比べて課税事業者として拘束される期間が長くなります。無駄な税金を払うことがないよう、課税期間のサイクルを変更する際は十分注意する必要があります。

【事例２】 １か月への期間短縮

免税事業者である個人事業者Ｂは、Ｘ01年３月中に建物の完成引渡しを受けます。本来は、その前年12月31日までに課税事業者選択届出書を提出すべきところ、これを失念してしまい、Ｘ01年に入っています。

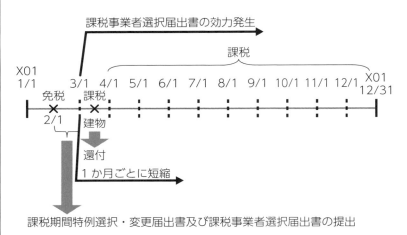

解説

① 手続

(イ) Ｘ01年２月１日～Ｘ01年２月28日中に課税期間を１か月ごとに短縮する「課税期間特例選択・変更届出書」及び「課税事業者選択届出書」を提出します。

(注) 課税期間を３か月ごとに短縮する課税期間特例選択・変更届出書をＸ01年２月28日までに提出した場合、課税期間が３か月ごとに短縮されるのは、あくまでもＸ01年４月１日以後となり、やはりＸ01年１月１日～Ｘ01年３月31日が一課税期間となります。

この場合、課税事業者選択届出書を併せて提出したとしても、その効力が発生するのはＸ01年４月１日以後となってしまい、Ｘ01年１月１日～Ｘ01年３月31日課税期間は免税事業者の

ままとなります。結果として仕入れに係る消費税額の還付を受けることはできません。
　㈲　X04年2月1日～X04年2月28日中に「課税期間特例選択不適用届出書」及び「課税事業者選択不適用届出書」を提出します。
　　　（注）　これは一つの例であり、課税期間特例選択不適用届出書については状況に応じて提出するようにしてください。
②　課税期間
　　課税期間特例選択・変更届出書の効力は、その提出日の属する1か月ごとの期間（2/1～2/28）の翌期間（3/1～3/31）の初日以後に発生します（消法19②）。
　　したがって、課税期間はX01年3月1日以後1か月ごとに短縮されます。
　　なお、X01年1月1日～X01年2月28日は、みなし課税期間として一課税期間となります（消法19②一）。
　（注）　X01年1月1日～X01年1月31日中に課税期間を1か月ごとに短縮する課税期間特例選択・変更届出書を提出した場合、課税期間はX01年2月1日以後1か月ごとに短縮されます。
　　　　　この場合、X01年1月1日～X01年1月31日がみなし課税期間として一課税期間となってしまうため、確定申告が1回増えることになります。
③　課税選択
　　X01年1月1日～X01年2月28日課税期間中に課税事業者選択届出書を提出することによって、その翌課税期間であるX01年3月1日～X01年3月31日課税期間以後、課税事業者となります。
　　この結果、X01年3月1日～X01年3月31日課税期間の確定申告において仕入れに係る消費税額の還付を受けることができます。

④ 選択不適用届出書

X04年2月1日〜X04年2月28日課税期間中に課税期間特例選択不適用届出書を提出すると当初の課税期間特例選択・変更届出書の効力はX04年3月1日以後に失効します（消法19④）。

この場合、あくまでもX05年1月1日以後に原則である1年サイクルの課税期間（X05年1月1日〜X05年12月31日）に戻りますので、X04年3月1日〜X04年12月31日がみなし課税期間として一課税期間となります（消法19④一）。

＜図解＞

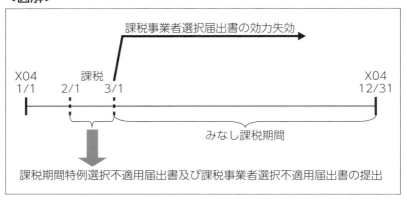

また、建物は調整対象固定資産に該当することから、調整対象固定資産を取得した日の属する課税期間の初日（X01年3月1日）から3年を経過する日（X04年2月28日）の属する課税期間の初日（X04年2月1日）以後でなければ課税事業者選択不適用届出書を提出することはできません（消法9⑦）（第7章－Ⅰ－2参照）。

この場合、X04年2月1日〜X04年2月28日課税期間中に課税事業者選択不適用届出書を提出するとX04年3月1日〜X04年12月31日課税期間以後に当初の課税事業者選択届出書の効力が失効

します。

⑤　課税期間特例選択不適用届出書の提出時期

　課税期間特例選択不適用届出書は、届出の効力が生じた日（X01年3月1日）から2年を経過する日（X03年2月28日）の属する1か月ごとの期間の初日（X03年2月1日）以後であれば提出することができます（消法19⑤）。

　例えば、最短でX03年2月中に課税期間特例選択不適用届出書を提出したとして、当初の課税期間特例選択・変更届出書の効力が失効するのはX03年3月1日以後となります。

　この場合、X03年3月1日～X03年12月31日がみなし課税期間となり、X04年1月1日以後に原則である1年サイクルの課税期間（X04年1月1日～X04年12月31日）に戻ります。

　この結果、課税事業者選択不適用届出書を提出したとして、上記【事例1】と同様に課税事業者として拘束される期間が長くなるので注意する必要があります。

第4章

特定期間による特例

I 概要

その課税期間の納税義務の有無については、その基準期間における課税売上高によって判定することが大原則となります。しかし、たとえその基準期間における課税売上高が1,000万円以下であっても、その前年又は前事業年度の開始の日から6か月間（「特定期間」といいます。）の課税売上高が1,000万円を超える場合には、その納税義務は免除されません（消法9の2①）。

＜特定期間による判定＞

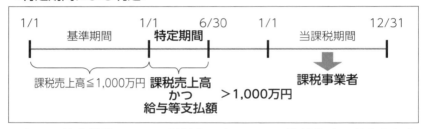

なお、特定期間における課税売上高によって納税義務の判定を行う場合、その特定期間中の課税売上高に代えて、その特定期間中に支払った給与等の金額によって判定することが認められています（消法9の2③）。

この場合、たとえ特定期間中の課税売上高が1,000万円を超えていても、特定期間中の給与等の金額が1,000万円を超えていなければ、結果として、給与等の金額によって免税事業者と判定することができます。また、必ずしも両方の基準で判定を行う必要はなく、特定期間中の課税売上高の算定を省略し、給与等の金額による基準のみで判定することもできます。

したがって、納税義務の判定上は、その特定期間中の課税売上高、かつ、給与等の金額のいずれもが1,000万円を超える場合には、最終

的に課税事業者に該当することになります。
(注) 課税事業者となる場合には「課税事業者届出書（特定期間用）」を速やかに提出する必要があります。

II 特定期間

　特定期間は、個人事業者については、前年1月1日から6月30日までの期間、法人については、原則として、前事業年度開始の日から6か月の期間と定められています（消法9の2④）。

　ただし、法人について、事業年度変更を行った場合や新設法人の設立2期目といったように、前事業年度が1年未満となるようなケースでは、その特定期間の捉え方に注意が必要です。

　当事業年度の前事業年度が7か月以下の期間（「短期事業年度」といいます。）である場合には、その前事業年度からは特定期間をカウントしません。逆に、当事業年度の前事業年度が7か月超の期間である場合には、その前事業年度から特定期間をカウントすることになります（消法9の2④、消令20の5①）。

　消費税は税の転嫁を予定している税金ですから、6か月カウントした後2か月間は、税を転嫁するための準備期間を確保するということです。したがって、当事業年度の前事業年度が7か月である場合には、6か月カウントして残り1か月となりますから、その前事業年度からは特定期間をカウントしないことになります。

　なお、当事業年度の前事業年度が、この短期事業年度に該当する場合には、原則として、当事業年度の前々事業年度から特定期間をカウントすることになります。ただし、その前々事業年度が当事業年度の基準期間に該当するような場合には、その前々事業年度からも特定期間をカウントしないことになります（消法9の2④、消令20の5②）。

そもそもこの特定期間による特例判定は、基準期間の課税売上高が1,000万円以下であるという前提ですから、当たり前といえば当たり前のことです。したがって、このような場合には、最終的に特定期間がないわけですから、当事業年度は免税事業者に該当することになります。

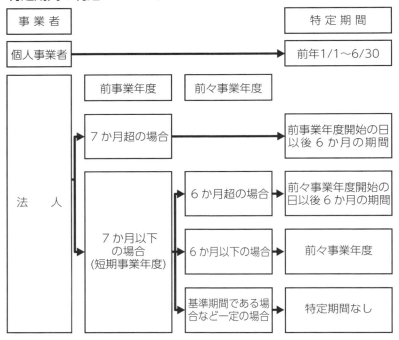

＜特定期間の判定フローチャート＞

（注）　短期事業年度とは、法人の前事業年度で次のいずれかに該当する事業年度をいいます（消令20の5①）。
　　（1）　7か月以下であるもの
　　（2）　7か月超であって、その前事業年度開始の日以後6か月の期間の末日の翌日から前事業年度終了の日までの期間が2か月未満であるもの

III 特定期間における課税売上高

　特定期間における課税売上高の算定方法については、基準期間における課税売上高の算定方法と基本的には同じです（第2章－III参照）。
　したがって、この課税売上高の算定には免税売上高が含まれますが、非課税売上高や課税対象外収入は含まれません。また、税抜きの純課税売上高で算定しますから、特定期間が課税事業者の場合には、その課税売上高につき税抜処理をし、返品、値引、割戻しなどの金額についてはこれを総売上高からマイナスします。
　ただし、基準期間における課税売上高の算定上は、基準期間が1年でない場合に年換算を行うのに対し、特定期間における課税売上高の算定上は、特定期間中に発生した課税売上高をそのまま用い、年換算は行わないので注意する必要があります（消法9の2②）。

IV 給与等の金額

　給与等の金額は、所得税法上、給与所得として課税される金額が対象となりますから、給与、賞与等のほか、役員報酬、アルバイト代、青色事業専従者給与等も含まれますが、退職金は給与所得ではありませんので含める必要はありません（消法9の2③）。
　また、所得税が非課税とされる通勤手当や旅費等についても課税対象とはなりませんので含める必要はありません。
　なお、特定期間中に支払った給与等の金額には、未払額は含まれません（消基通1－5－23）。例えば、特定期間が1月1日から6月30日までだとして、給与を月末締めの翌月10日払いとしている場合、6月分の給与は翌7月10日払いとなりますが、これについては含めないということです。

＜課税売上高と給与等の金額との関係＞

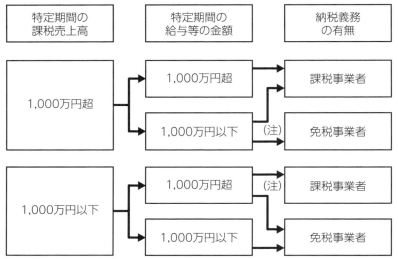

（注） 給与等の金額による判定は、あくまでも任意です。したがって、課税売上高が1,000万円を超えている場合で給与等の金額が1,000万円以下の場合、課税売上高のみによって判定を行い、課税事業者となることができます。

　逆に、課税売上高が1,000万円以下の場合で給与等の金額が1,000万円を超えている場合（課税売上高は僅少であるが、非課税売上高が多額であるような場合）、給与等の金額のみによって判定を行い、課税事業者となることができます。

　なお、第3章で解説した届出書の提出による課税事業者の選択とは規定が異なるため、2年間、課税事業者として拘束されるというようなことはありません。

新規開業における特定期間の留意点

　新規に開業した個人事業者や新設法人については、その特定期間の捉え方に注意する必要があります。特に新設法人については、設立1期目の特定期間は存在しないわけですが、設立2期目については、その設立1期目の期間によって特定期間をカウントするケースも出てきます。場合によっては、特定期間をカウントした結果、納税義務が生じ、無駄な税金を払うということにもなりかねません。法人を設立する際は、あらかじめ設立日や会計期間、あるいは課税売上高や給与等の金額などをシミュレーションしておく必要があります。

　なお、法人について、前事業年度開始の日から6か月目が月末でないような場合には、決算日との関係で六月の期間の特例（消令20の6）が適用される場合があります。特定期間の判定に当たっては、この特例についても注意する必要があります。

【事例1】前年の7月1日に開業した個人事業者の場合

解説

　当年の基準期間における課税売上高はありません。また、個人事業者の場合、特定期間は必ず前年の1月1日から6月30日までとなります。したがって、特定期間における課税売上高もありませんから、当年は免税事業者となります。

【事例2】前事業年度の5月1日に設立された12月決算法人の場合

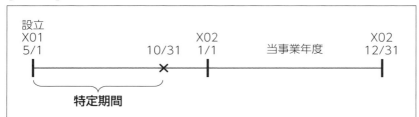

解説

当事業年度の基準期間はありません。また、前事業年度は7か月超ですから、前事業年度の5月1日～10月31日が特定期間となります。したがって、この特定期間中の課税売上高、かつ、給与等の金額が1,000万円を超える場合には、当事業年度は課税事業者となります。

【事例3】前事業年度の6月1日に設立された12月決算法人の場合

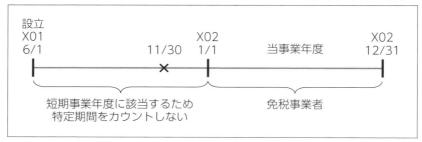

解説

当事業年度の基準期間はありません。また、前事業年度は7か月以下となり短期事業年度となりますから、特定期間はカウントしません。さらに、前々事業年度がなく、最終的に特定期間がありませんので、当事業年度は免税事業者となります。

（注） 資本金の額又は出資の金額が1,000万円以上の新設法人である場合や特定新規設立法人に該当する場合には課税事業者となります。

【事例4】前事業年度の5月20日に設立された12月31日決算法人の場合

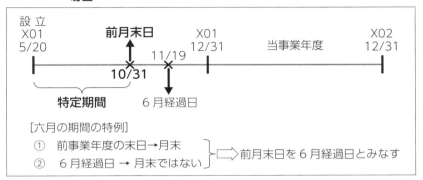

解説

　当事業年度の基準期間はありません。また、前事業年度開始の日から6か月の期間の末日は11月19日となりますが、このように前事業年度の末日が月末であり、かつ、6か月の期間の末日が月末でないような場合には、特例（消令20の6①一）により、その前月末日である10月31日までが6か月の期間の末日とみなされます。

　この結果、前事業年度は7か月超であり、かつ、10月31日の翌日から前事業年度の末日までの期間が2か月以上となるので短期事業年度には該当せず、5月20日～10月31日を特定期間としてカウントすることになります。

　したがって、この特定期間中の課税売上高、かつ、給与等の金額が1,000万円を超える場合には、当事業年度は課税事業者となります。

【事例5】前事業年度の5月10日に設立された12月20日決算法人の場合

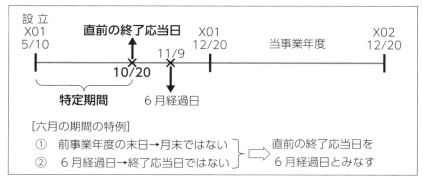

解説

当事業年度の基準期間はありません。また、前事業年度開始の日から6か月の期間の末日は11月9日となりますが、このように前事業年度の末日が月末でなく、かつ、6か月の期間の末日がその前事業年度の終了応当日でもない場合には、特例（消令20の6①二）により、その直前の終了応当日である10月20日までが6か月の期間の末日とみなされます。

（注） 終了応当日とは、その前事業年度終了の日に応当するその前事業年度に属する各月の日をいいます。

この結果、前事業年度は7か月超であり、かつ、10月20日の翌日から前事業年度の末日までの期間が2か月以上となるので短期事業年度には該当せず、5月10日～10月20日を特定期間としてカウントすることになります。

したがって、この特定期間中の課税売上高、かつ、給与等の金額が1,000万円を超える場合には、当事業年度は課税事業者となります。

第5章

相続、合併、分割等の特例

I 相続の特例

1 内容

　相続が発生した場合で、被相続人の事業を承継した相続人の基準期間における課税売上高が1,000万円を超えるケースでは、特例の適用を待つまでもなく、その相続人の納税義務は免除されません。

　一方、相続人の基準期間における課税売上高が1,000万円以下となるケースでは、その被相続人の基準期間における課税売上高を加味して特例判定を行うことになります。事業を承継した相続人の売上規模は、被相続人の事業を承継した分だけ膨らんでいるわけですから、相続人単独の売上規模だけで納税義務の判定を完結させるわけにはいかないのです。

【特例判定の概要】（消法10）

> (1) 相続が発生した年
>   　被相続人の基準期間における課税売上高 $\gtreqless$ 1,000万円
> (2) 相続が発生した年の翌年及び翌々年
>   　相続人の基準期間における課税売上高 ＋ 被相続人の基準期間における課税売上高 $\gtreqless$ 1,000万円

　なお、この特例判定を行うのは、基準期間中に相続の影響が出る相続発生年、その翌年及びその翌々年の3年間限定となります。

(注)　相続人が、この特例判定によって課税事業者となる場合には「課税事業者届出書（基準期間用）」及び「相続・合併・分割等があったことにより課税事業者となる場合の付表」を速やかに提出する必要があります。また、相続人は「個人事業者の死亡届出書」を速やかに提出する必要があります。

(1) 相続が発生した年の判定

　繰り返しになりますが、相続があった場合の特例判定は、その事業を承継した相続人の基準期間における課税売上高が1,000万円以下であることが前提となります。相続人の基準期間における課税売上高が1,000万円を超える場合には、そもそもこの特例判定を行う必要はありません。

　また、その相続人が、第3章で解説した課税事業者の選択を行っている場合や第4章で解説した特定期間における課税売上高が1,000万円を超えて課税事業者となる場合についても、この特例判定を考慮する必要はありません。

　法律上、納税義務の判定順序については交通整理がなされています（巻末の参考資料参照）。相続があった場合の特例判定は、基準期間による判定、課税事業者の選択、そして特定期間による判定の次順位に位置付けられます。実務上は、どこで課税事業者に該当しようが、課税なのか免税なのかという結論がまずは重要となるわけですが、どの法令によって課税事業者に該当したかによって、その提出書類や他の特例の適用範囲などが異なります。納税義務の判定順序は、それなりに重要なポイントですので、巻末の参考資料において再確認します。

　なお、この相続があった場合の特例判定では、被相続人の特定期間における課税売上高を考慮する必要はありません。あくまでも相続人と被相続人の基準期間における課税売上高を基礎として判定します。

　相続が発生した年においては、被相続人の基準期間における課税売上高が1,000万円を超える場合にその相続人は課税事業者となります（消法10①）。この場合、その相続が発生した日の翌日から年末までの期間についてだけ納税義務が発生します。年の中途から課税事業者となりますから、相続が発生した日までの期間で仮決算を行い、会計帳

簿も年初から相続が発生した日までの期間とその翌日から年末までの期間とに区分しておく必要があります。

＜特例判定のイメージ＞

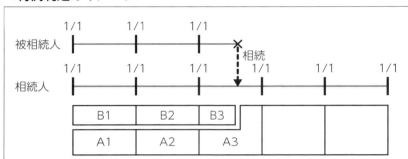

（注）相続人の課税売上高：A　　被相続人の課税売上高：B

[特例判定]
① 相続年
　　Ｂ１＞1,000万円 → 相続があった日の翌日から年末まで納税義務あり
② 翌年
　　Ａ２＋Ｂ２＞1,000万円 → その年中の納税義務あり
③ 翌々年
　　Ａ３＋Ｂ３＞1,000万円 → その年中の納税義務あり

(2) 相続が発生した年の翌年及び翌々年の判定

相続が発生した年の翌年及び翌々年においては、相続人の基準期間における課税売上高と被相続人の基準期間における課税売上高とを合算し、その合計額が1,000万円を超える場合にその相続人は課税事業者となります（消法10②）。

なお、相続が発生した年の４年目以降は、特例判定自体が規定されていません。４年目以降は、その相続人の基準期間において、もはや相続の影響がありませんから、特例判定を行うまでもないのです。

【事例】相続があった場合の判定

X03年9月30日に発生した相続によって、被相続人の事業を相続人が承継しました。相続人及び被相続人の各年における課税売上高（税抜き）が次のとおりである場合に相続人のX03年～X05年の納税義務を判定してください。

	〔X01年〕	〔X02年〕	〔X03年〕	
被相続人	1,100万円	1,500万円	750万円	
	〔X01年〕	〔X02年〕	〔X03年〕	〔X04年〕
相続人	800万円	900万円	1,700万円	2,500万円
	(390万円)	(460万円)	(520万円)	(1,200万円)

（注）　カッコ内の金額は1月1日～6月30日の期間に係るものです。

解説

X03年からX05年までの納税義務の判定は次のようになります。

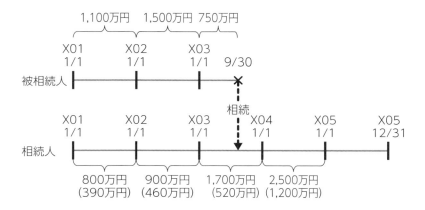

① X03年

　(イ)　基準期間による判定

　　　800万円 ≦ 1,000万円

　(ロ)　特定期間による判定

　　　460万円 ≦ 1,000万円

(ハ) 相続の特例による判定

　　　　1,100万円＞1,000万円

　　　　∴　X03年1月1日～9月30日は納税義務なし

　　　　　　X03年10月1日～12月31日は納税義務あり

② X04年

　　(イ) 基準期間による判定

　　　　900万円≦1,000万円

　　(ロ) 特定期間による判定

　　　　520万円≦1,000万円

　　(ハ) 相続の特例による判定

　　　　900万円＋1,500万円＝2,400万円＞1,000万円

　　　　∴　X04年は納税義務あり

③ X05年

　　1,700万円＞1,000万円

　　∴　X05年は納税義務あり

　　(注)　特定期間による判定や相続の特例による判定を行うまでもなく課税事業者に該当します。

2 複数の相続人がいる場合

(1) 共同相続

　相続人が複数いる場合の遺産分割は、遺言によって各相続人の取得する財産が特定されない限り、原則として相続人間の遺産分割協議によることになります。この場合、相続があった場合の特例判定に当たっては、その相続財産の分割が実行されるまでの間は被相続人の事業を承継する相続人が確定しないことから、各相続人が共同して被相続人の事業を承継したものとして取り扱うこととされています。

したがって、その被相続人の基準期間における課税売上高に各相続人の民法に規定する相続分に応じた割合を乗じて計算した金額を基礎として各相続人の納税義務の有無を判定することになります（消基通1－5－5）。

【法定相続分】

① 配偶者と子供が相続人である場合
　配偶者1／2、子供1／2
　※　子供が2人以上のときは全員で1／2
② 配偶者と直系尊属が相続人である場合
　配偶者2／3、直系尊属1／3
　※　直系尊属が2人以上のときは全員で1／3
③ 配偶者と兄弟姉妹が相続人である場合
　配偶者3／4、兄弟姉妹1／4
　※　兄弟姉妹が2人以上のときは全員で1／4

（注）　特定遺贈又は死因贈与により事業を承継した場合（消基通1－5－3）
　　相続があった場合の特例判定は、相続人が相続により被相続人の行っていた事業の全部又は一部を継続して行うため財産の全部又は一部を承継した場合に適用があります（消法10①）。

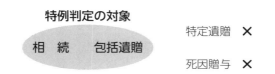

なお、ここでいう「相続」には「包括遺贈」が含まれます（消法2④）が、「特定遺贈」及び「死因贈与」は含まれません。したがって、特定遺贈又は死因贈与によって受遺者又は受贈者が遺贈者又は贈与者の事業を承継した場合には、相続があった場合の特例は適用されませ

ん。この場合、その受遺者又は受贈者の納税義務の有無については、その受遺者又は受贈者の基準期間における課税売上高のみによって判定を行います。

【事例】共同相続の場合

> 被相続人甲の基準期間における課税売上高は2,400万円（税抜き）であり、相続人は、乙（甲の妻）、丙（甲の長男）及び丁（甲の次男）です。
> この場合の各相続人が承継したこととなる被相続人の基準期間における課税売上高を求めなさい。

解説

各相続人に係る被相続人の基準期間における課税売上高は次のように計算します。

乙：$2,400万円 \times \frac{1}{2} = 1,200万円$

丙：$2,400万円 \times \frac{1}{2} \times \frac{1}{2} = 600万円$

丁：$2,400万円 \times \frac{1}{2} \times \frac{1}{2} = 600万円$

なお、各相続人の納税義務の有無は、上記の課税売上高と各相続人の本来の基準期間における課税売上高を基礎として判定することになります。

(2) 相続発生年に遺産分割が行われた場合

相続が発生した年に遺産分割協議が成立した場合、その年における各相続人の特例判定に関しては、被相続人の基準期間における課税売上高を法定相続分で按分した金額に基づいて判定することになります。この場合、相続発生時点で法定相続分に基づいてなされた納税義務判定の結果については、その後に行われる遺産分割の影響を受けないこととされています。

＜相続発生年に遺産分割が行われた場合＞

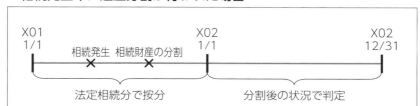

　なお、相続が発生した年の翌年以降は、既に相続財産の分割が行われているわけですから、その分割後の状況で各相続人の納税義務を判定することになります。

(3) 相続発生年の翌年に遺産分割が行われた場合

　実務上は、相続が発生した年の翌年に遺産分割協議が成立するケースも珍しくはありません。この場合、その相続が発生した年においては、まだ相続財産が未分割の状態ですから、当然に被相続人の基準期間における課税売上高を法定相続分で按分した金額に基づいて各相続人の特例判定を行うことになります。

　注意したいのは、その遺産分割が行われた翌年においても、被相続人の基準期間における課税売上高を法定相続分で按分した金額に基づいて各相続人の特例判定を行うということです。消費税は税の転嫁を予定している税金であり、事前に納税義務を判定しておく必要があるわけですが、相続財産の分割が実行されたその翌年においても、その開始の日の前日時点では各相続人による共同相続の状態にあります。したがって、やはり法定相続分で按分した金額に基づいて各相続人の特例判定を行うことになるのです。なお、その時点で法定相続分に基づいてなされた納税義務判定の結果については、やはりその後に行われる遺産分割の影響を受けないこととされています。

＜相続発生年の翌年に遺産分割が行われた場合＞

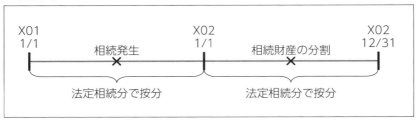

　一方、遺産分割が行われた年の翌年は、その開始の日の前日時点で相続財産の分割が行われており、その分割後の状況で各相続人の納税義務を判定することになります。

(4) 事業場を分割して承継した場合

　2以上の事業場を有する被相続人の事業を2以上の相続人が事業場ごとに分割して承継した場合には、各相続人が、その承継した各事業場で発生した課税売上高に基づいて特例判定を行うことになります（消法10③、消令21）。

＜分割して承継した場合＞

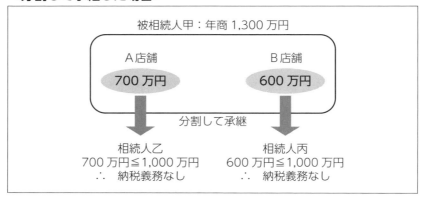

【事例１】 相続発生年に遺産分割が行われた場合

> 不動産賃貸業を営む個人事業者Ａは、Ｘ03年７月８日に死亡しました。相続人はＡの妻Ｂ、長男Ｃ及び長女Ｄの３人ですが、遺産分割協議によってＸ03年12月15日に妻Ｂが物件甲、長男Ｃが物件乙、長女Ｄが物件丙をそれぞれ相続することが決定しました。なお、長男Ｃは相続が発生する以前より自らも事業を営んでいましたが、妻Ｂ及び長女Ｄは相続が発生するまで事業を営んでいたことはありません。
> 　各年における被相続人Ａのそれぞれの物件に係る課税売上高（税抜き）及び長男Ｃの事業に係る課税売上高（税抜き）が次の場合にＸ03年及びＸ04年の各相続人の納税義務を判定してください。
>
> | | | Ｘ01年 | Ｘ02年 |
> |---|---|---|---|
> | 被相続人Ａ | 物件甲 | 1,200万円 | 1,180万円 |
> | | 物件乙 | 1,300万円 | 1,330万円 |
> | | 物件丙 | 980万円 | 950万円 |
> | | 合　計 | 3,480万円 | 3,460万円 |
> | 長男Ｃ | | 650万円 | 720万円 |

解説

　Ｘ03年における各相続人の納税義務に関しては、被相続人の基準期間における課税売上高を法定相続分で按分した金額を基礎として判定することになります。

　一方、Ｘ04年における各相続人の納税義務に関しては、その開始の日の前日（Ｘ03年12月31日）時点で既に遺産分割が行われていることから、遺産分割後の状況に基づいて判定を行うことになります。したがって、各相続人が事業場を分割して承継していることから、被相続人の基準期間における課税売上高のうち、各相続人が相続した事業場に係る部分の金額に基づいて各相続人の判定を行うことになります。

（注） いずれの相続人についても基準期間又は特定期間における課税売上高は1,000万円以下となることから、基準期間又は特定期間による判定は省略します。

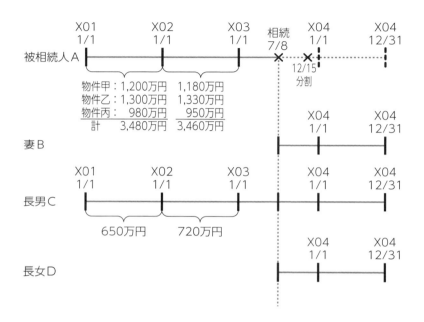

① X03年

　(イ) 妻B

　　$3,480万円 \times \dfrac{1}{2} = 1,740万円 > 1,000万円$

　　∴　X03年1月1日〜X03年7月8日は納税義務なし
　　　　X03年7月9日〜X03年12月31日は納税義務あり

　(ロ) 長男C、長女D

　　$3,480万円 \times \dfrac{1}{2} \times \dfrac{1}{2} = 870万円 \leqq 1,000万円$　∴　納税義務なし

② X04年

　(イ) 妻B

　　1,180万円＞1,000万円　　∴　納税義務あり

(ロ)　長男C

　　720万円＋1,330万円＝2,050万円＞1,000万円　∴　納税義務あり

　(ハ)　長女D

　　950万円≦1,000万円　　∴　納税義務なし

【事例2】相続発生年の翌年に遺産分割が行われた場合

> 上記【事例1】のケースで、遺産分割協議によってX04年2月15日に各相続人の相続物件が決定した場合、X04年の各相続人の納税義務を判定してください。

解説

　X04年中に遺産分割協議が成立していますが、その開始の日の前日（X03年12月31日）時点では、未分割の状態であり、被相続人の基準期間における課税売上高を法定相続分で按分した金額を基礎として各相続人の納税義務を判定することになります。

(注)　いずれの相続人についても基準期間又は特定期間における課税売上高は1,000万円以下となることから、基準期間又は特定期間による判定は省略します。

①　妻B

　　$3,460万円 \times \dfrac{1}{2} = 1,730万円 > 1,000万円$　　∴　納税義務あり

②　長男C

　　$720万円 + 3,460万円 \times \dfrac{1}{2} \times \dfrac{1}{2} = 1,585万円 > 1,000万円$

　　∴　納税義務あり

③　長女D

　　$3,460万円 \times \dfrac{1}{2} \times \dfrac{1}{2} = 865万円 \leq 1,000万円$　　∴　納税義務なし

Ⅱ 合併の特例

1 概要

　合併には、大きく分けて「吸収合併」と「新設合併」の二つの形態があります。「吸収合併」とは、一方が存続し、他方がこれに吸収されて消滅する方式の合併をいいます。一方、「新設合併」とは、合併するすべての法人を消滅させ、新しい法人を設立する方式の合併をいいます。

　消費税法においては、この二つの形態に分けて納税義務の特例判定を規定していますが、いずれの特例判定においても、その基本的な考え方は相続があった場合の特例判定と同じです。

　合併が行われた場合にも、原則として、その合併法人の合併事業年度、その翌事業年度及びその翌々事業年度の3事業年度に限定して特例判定を行うことになります。

　そして、この合併があった場合の特例判定においても、相続があった場合の特例判定と同様に、合併法人の基準期間における課税売上高が1,000万円以下であることが前提となります。合併法人の基準期間における課税売上高が1,000万円を超える場合には、そもそもこの特例判定を行う必要はありません。

　また、その合併法人が、第3章で解説した課税事業者の選択を行っている場合や第4章で解説した特定期間における課税売上高が1,000万円を超えて課税事業者となる場合についても、やはりこの特例判定を考慮する必要はありません。

　一方、この特例判定では、相続があった場合の特例判定と同じように被合併法人の課税売上高を加味して判定することになりますが、そ

の被合併法人の課税売上高の捉え方に注意する必要があります。

　相続の場合には、相続人と被相続人はいずれも暦年サイクル（1月1日〜12月31日）で期間がズレませんから、被相続人の基準期間における課税売上高を基礎として特例判定を行うことになります。他方、合併の場合には、合併法人と被合併法人の事業年度のサイクルが必ずしも一致しないことから、「合併法人の基準期間に対応する期間における被合併法人の課税売上高」を基礎として特例判定を行うことになります。

（注）　合併法人が、この特例判定によって課税事業者となる場合には「課税事業者届出書（基準期間用）」及び「相続・合併・分割等があったことにより課税事業者となる場合の付表」を速やかに提出する必要があります。また、合併法人は「合併による法人の消滅届出書」を速やかに提出する必要があります。

2 吸収合併

　合併事業年度については、相続があった場合の特例判定と同様に、合併法人の実績は合算せず、被合併法人単独の1年間ベースの課税売上高によって特例判定を行います。

　一方、合併事業年度の翌事業年度及び翌々事業年度については、合併法人と被合併法人の実績を合算した1年間ベースの課税売上高によって特例判定を行います。

【特例判定の概要】（消法11①②）

(1) 合併事業年度
　　合併法人の基準期間に対応する期間における被合併法人の課税売上高(注1) $\gtreqless$ 1,000万円

　（注1）　被合併法人が2以上ある場合には、いずれかの被合併法人に係る金額

(2) 合併事業年度の翌事業年度及び翌々事業年度

$$\text{合併法人の基準期間における課税売上高} + \text{合併法人の基準期間に対応する期間における被合併法人の課税売上高}^{(注2)} \gtreqless 1,000万円$$

（注2） 被合併法人が2以上ある場合には、各被合併法人に係る金額の合計額

(1) 合併事業年度の判定

　合併事業年度の判定では、合併法人の基準期間に対応する期間における被合併法人の課税売上高（被合併法人が2以上ある場合には、いずれかの被合併法人に係る金額）が1,000万円を超える場合にその合併法人は課税事業者となります（消法11①）。この場合、その合併があった日からその事業年度末までの期間についてだけ納税義務が発生します。事業年度の中途から課税事業者となりますから、合併の日の前日までの期間で仮決算を行い、会計帳簿も事業年度の最初から合併の日の前日までの期間と合併の日から事業年度末までの期間とに区分しておく必要があります。

（注）「合併があった日」とは、合併の効力を生ずる日をいいます（消基通1－5－7）

　合併事業年度においては、合併法人の基準期間に対応する期間における被合併法人の課税売上高は、「合併法人のその事業年度開始の日の2年前の応当日から1年以内に終了した被合併法人の事業年度における課税売上高」となります（消令22①）。つまりは、合併法人の基準期間に相当する期間中に事業年度末が到来する被合併法人の課税売上高を特例判定の基礎とするということです。

＜特例判定のイメージ＞

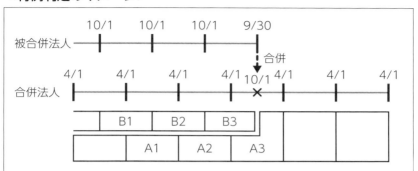

（注）　合併法人の課税売上高：A　　被合併法人の課税売上高：B

[特例判定]
① 合併事業年度
　　Ｂ１＞1,000万円　→　合併の日から事業年度末まで納税義務あり
② 翌事業年度
　　Ａ２＋Ｂ２＞1,000万円　→　その事業年度中の納税義務あり
③ 翌々事業年度
　　$A3 + B3 \times \frac{6}{12} > 1,000$万円　→　その事業年度中の納税義務あり
　（注）　合併法人と被合併法人の実績を合算した１年間ベースの課税売上高で判定するという趣旨から、被合併法人の課税売上高（Ｂ３）をその合併法人の基準期間の初日からその合併があった日の前日（４/１～９/30）までの月数（６か月）に換算し直した金額を加算した上で判定します。

(2) 合併事業年度の翌事業年度及び翌々事業年度の判定

　合併事業年度の翌事業年度及び翌々事業年度の判定では、合併法人の基準期間における課税売上高と合併法人の基準期間に対応する期間における被合併法人の課税売上高（被合併法人が２以上ある場合には、各被合併法人に係る金額の合計額）とを合算し、その合計額が1,000万円を超える場合にその合併法人は課税事業者となります（消

法11②)。

合併事業年度の翌事業年度及び翌々事業年度においては、合併法人の基準期間に対応する期間における被合併法人の課税売上高は、「合併法人のその事業年度の基準期間の初日から1年以内に終了した被合併法人の事業年度における課税売上高」となります（消令22②)。合併事業年度と同様に、合併法人の基準期間中に事業年度末が到来する被合併法人の課税売上高を特例判定の基礎とするということです。

なお、合併事業年度の翌々事業年度の判定においては、その基準期間の中途に合併が行われているケースがあります。この場合には、合併法人と被合併法人の実績を合算した1年間ベースの課税売上高で判定するという趣旨から、被合併法人の課税売上高をその合併法人の基準期間の初日からその合併があった日の前日までの月数に換算し直した上で判定します（消令22②カッコ書き）。

【事例】 吸収合併があった場合の判定

法人A（3月決算法人）は、X03年10月1日を合併期日として法人B（12月決算法人）を吸収合併し、法人Bの事業を承継しています。法人A及び法人Bの各事業年度における課税売上高（税抜き）が次のとおりである場合に法人AのX03事業年度（X03年4月1日〜X04年3月31日）〜X05事業年度（X05年4月1日〜X06年3月31日）における納税義務の判定をしてください。

	自X01.4.1 至X02.3.31	自X02.4.1 至X03.3.31	自X03.4.1 至X04.3.31	自X04.4.1 至X05.3.31
法人A	680万円 (320万円)	650万円 (330万円)	970万円 (430万円)	1,980万円 (960万円)

（注） カッコ内の金額は4月1日〜9月30日の期間に係るものです。

	自X01.1.1 至X01.12.31	自X02.1.1 至X02.12.31	自X03.1.1 至X03.9.30
法人B	1,320万円	1,440万円	1,080万円

解説

X03事業年度（X03年4月1日～X04年3月31日）からX05事業年度（X05年4月1日～X06年3月31日）までの納税義務の判定は次のようになります。

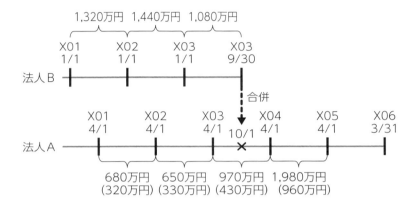

① X03事業年度（X03年4月1日～X04年3月31日）

  (イ) 基準期間による判定

   680万円≦1,000万円

  (ロ) 特定期間による判定

   330万円≦1,000万円

  (ハ) 合併の特例判定

   $\dfrac{1{,}320万円}{12_{(注)}} \times 12^{(注)} = 1{,}320万円 > 1{,}000万円$

  ∴ X03年4月1日～X03年9月30日は納税義務なし

   X03年10月1日～X04年3月31日は納税義務あり

  （注） 合併法人の基準期間に対応する期間における被合併法人の事業年度が1年でない場合を想定してその課税売上高を年換算します。以下同様です。

② X04事業年度（X04年4月1日～X05年3月31日）

　(イ)　基準期間による判定

　　650万円≦1,000万円

　(ロ)　特定期間による判定

　　430万円≦1,000万円

　(ハ)　合併の特例判定

　　$650万円 + \dfrac{1,440万円}{12} \times 12 = 2,090万円 > 1,000万円$

　　∴　X04事業年度は納税義務あり

③ X05事業年度（X05年4月1日～X06年3月31日）

　(イ)　基準期間による判定

　　970万円≦1,000万円

　(ロ)　特定期間による判定

　　960万円≦1,000万円

　(ハ)　合併の特例判定

　　$970万円 + \dfrac{1,080万円}{9_{(注1)}} \times 12 \times \dfrac{6}{12}^{(注2)} = 1,690万円 > 1,000万円$

　　∴　X05事業年度は納税義務あり

　(注1)　法人Aの基準期間に対応する期間における法人Bの事業年度（X03年1月1日～X03年9月30日）の月数

　(注2)　法人Aの基準期間の初日（X03年4月1日）からその合併があった日の前日（X03年9月30日）までの月数

3 新設合併

　新設合併の場合、その合併法人は新設法人となりますから、その合併事業年度（設立事業年度）については基準期間自体が存在しません。そこで、合併事業年度については、消滅した各被合併法人の実績を基礎として特例判定を行います。なお、この場合には、各被合併法

人の実績を合算せず、被合併法人ごとの１年間ベースの課税売上高によって特例判定を行います。

　一方、合併事業年度の翌事業年度及び翌々事業年度については、合併法人と各被合併法人の実績を合算した１年間ベースの課税売上高によって特例判定を行います。なお、合併事業年度の翌事業年度については、やはり合併法人の基準期間自体が存在しません。結果として、各被合併法人の実績を合算した１年間ベースの課税売上高によって判定することになります。

【特例判定の概要】（消法11③④）

```
(1) 合併事業年度
    合併法人の基準期間に対応する期間における    >
    いずれかの被合併法人の課税売上高          ≦  1,000万円

(2) 合併事業年度の翌事業年度
    合併法人の基準期間に対応する期間における    >
    各被合併法人の課税売上高の合計額          ≦  1,000万円

(3) 合併事業年度の翌々事業年度
    合併法人の基準     合併法人の基準期間に対応
    期間における課  +  する期間における各被合併   >
    税売上高（実額）    法人の課税売上高の合計額   ≦  1,000万円
```

(1) 合併事業年度の判定

　合併事業年度の判定では、合併法人の基準期間に対応する期間におけるいずれかの被合併法人の課税売上高が1,000万円を超える場合にその合併法人は課税事業者となります（消法11③）。この場合、設立事業年度であり、その合併があった日の属する事業年度のすべての期間について納税義務が発生します。

(注)　「合併があった日」とは、法人の設立登記をした日をいいます（消基通１－５－７）。

　合併事業年度においては、合併法人の基準期間に対応する期間にお

ける被合併法人の課税売上高は、「合併法人のその事業年度開始の日の2年前の応当日から1年以内に終了した被合併法人の事業年度における課税売上高」となります（消令22③）。

＜特例判定のイメージ＞

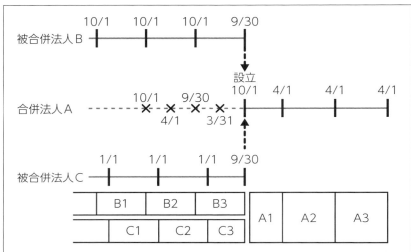

（注）　合併法人の課税売上高：A　各被合併法人の課税売上高：B・C

[特例判定]

① 合併事業年度

　　B2＞1,000万円
　　　　又は　　　　　　→ その事業年度中の納税義務あり
　　C1＞1,000万円

② 翌事業年度

　　B2＋C2＞1,000万円　→ その事業年度中の納税義務あり

③ 翌々事業年度

　　$A1 + B3 \times \dfrac{6}{12} + C3 \times \dfrac{6}{9} > 1,000万円$

　　　　　　　　　　　→ その事業年度中の納税義務あり

　（注）　合併法人と各被合併法人の実績を合算した1年間ベースの課税売上高で判定するという趣旨から、合併法人の課税売上高（A1：実額）に被合併法人Bの課税売上高（B3）と被

> 合併法人Cの課税売上高（C3）のそれぞれについて、合併法人の基準期間に相当する期間の初日からその合併があった日の前日（4/1～9/30）までの月数（6か月）に換算し直した金額を加算した上で判定します。

(2) 合併事業年度の翌事業年度の判定

　合併事業年度の翌事業年度の判定では、合併法人の基準期間に対応する期間における各被合併法人の課税売上高を合算し、その合計額が1,000万円を超える場合にその合併法人は課税事業者となります（消法11④）。

　合併事業年度の翌事業年度においては、合併法人の基準期間に対応する期間における被合併法人の課税売上高は、「合併法人のその事業年度開始の日の2年前の応当日から1年以内に終了した被合併法人の事業年度における課税売上高」となります（消令22⑥一）。

(3) 合併事業年度の翌々事業年度の判定

　合併事業年度の翌々事業年度の判定では、合併法人の基準期間における課税売上高（実額）と合併法人の基準期間に対応する期間における各被合併法人の課税売上高とを合算し、その合計額が1,000万円を超える場合にその合併法人は課税事業者となります（消法11④）。

　合併事業年度の翌々事業年度においては、合併法人の基準期間に対応する期間における被合併法人の課税売上高は、「合併法人のその事業年度開始の日の2年前の応当日から1年以内に終了した被合併法人の事業年度における課税売上高」となります（消令22④）。

　なお、その翌々事業年度の基準期間は、原則として合併事業年度（設立事業年度）となります。ここで、原則判定を行う上では、その合併事業年度が1年でない場合には、その課税売上高を必ず年換算し、その上で納税義務の判定を行う必要があります。

一方、合併の特例判定を行う上では、その合併事業年度の課税売上高は年換算する前の実額を用いることになります。特例判定では、合併法人と各被合併法人の実績を合算した１年間ベースの課税売上高で判定を行うことが前提です。したがって、合併法人の課税売上高は実額のままで、これに合併法人のその事業年度開始の日の２年前の応当日（基準期間に相当する期間の初日）から合併があった日の前日までの月数に換算し直した各被合併法人の課税売上高を合算するのです。

【事例】新設合併があった場合の判定

　法人Ａ（３月決算法人）は、法人Ｂ（６月決算法人）及び法人Ｃ（12月決算法人）を被合併法人とし、Ｘ03年10月１日に新設合併によって設立された法人です。法人Ａ、法人Ｂ及び法人Ｃの各事業年度における課税売上高（税抜き）が次のとおりである場合に法人ＡのＸ03事業年度（Ｘ03年10月１日～Ｘ04年３月31日）～Ｘ05事業年度（Ｘ05年４月１日～Ｘ06年３月31日）における納税義務の判定をしてください。

法人Ａ
自 X03.10.1 至 X04.3.31	自 X04.4.1 至 X05.3.31
480万円	972万円
（ － ）	（468万円）

（注）カッコ内の金額は４月１日～９月30日の期間に係るものです。

法人Ｂ
自 X01.7.1 至 X02.6.30	自 X02.7.1 至 X03.6.30	自 X03.7.1 至 X03.9.30
312万円	300万円	75万円

法人Ｃ
自 X01.1.1 至 X01.12.31	自 X02.1.1 至 X02.12.31	自 X03.1.1 至 X03.9.30
1,008万円	876万円	657万円

解説

X03事業年度(X03年10月1日～X04年3月31日)からX05事業年度(X05年4月1日～X06年3月31日)までの納税義務の判定は次のようになります。

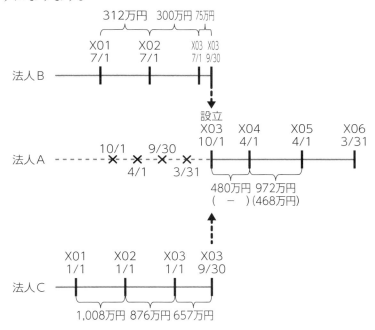

① X03事業年度(X03年10月1日～X04年3月31日)

(イ) 基準期間及び特定期間はなし

(ロ) 合併の特例判定

イ 法人B

$$\frac{312万円}{12_{(注)}} \times 12^{(注)} = 312万円 \leq 1,000万円$$

ロ 法人C

$$\frac{1,008万円}{12_{(注)}} \times 12^{(注)} = 1,008万円 > 1,000万円$$

∴ X03事業年度は納税義務あり

（注）　合併法人の基準期間に対応する期間における被合併法人の事業年度が1年でない場合を想定してその課税売上高を年換算します。以下同様です。

② X04事業年度（X04年4月1日～X05年3月31日）
　(イ)　基準期間及び特定期間はなし
　(ロ)　合併の特例判定
　　イ　法人B
　　　$\dfrac{312万円}{12} \times 12 = 312万円$
　　ロ　法人C
　　　$\dfrac{876万円}{12} \times 12 = 876万円$
　　ハ　イ＋ロ＝1,188万円＞1,000万円
　　∴　X04事業年度は納税義務あり

③ X05事業年度（X05年4月1日～X06年3月31日）
　(イ)　基準期間による判定
　　　$\dfrac{480万円}{6} \times 12 = 960万円 \leqq 1,000万円$
　(ロ)　特定期間による判定
　　　468万円≦1,000万円
　(ハ)　合併の特例判定
　　イ　法人A
　　　480万円（実額）
　　ロ　法人B
　　　$\dfrac{\overset{(注1)}{300万円+75万円}}{\underset{(注2)}{12+3}} \times \overset{}{\underset{(注3)}{6}} = 150万円$

　　（注1）　2年前の応当日（X03年4月1日）から1年以内に終了した法人Bの各事業年度における課税売上高の合計額
　　（注2）　2年前の応当日（X03年4月1日）から1年以内に終

　　　　　了した法人Bの各事業年度における月数の合計数
　（注3）　2年前の応当日（X03年4月1日）からその合併が
　　　　　あった日の前日（X03年9月30日）までの月数
　ハ　法人C

$$\frac{657万円^{(注1)}}{9_{(注2)}} \times 6_{(注3)} = 438万円$$

　（注1）　2年前の応当日（X03年4月1日）から1年以内に終
　　　　　了した法人Cの事業年度における課税売上高
　（注2）　2年前の応当日（X03年4月1日）から1年以内に終
　　　　　了した法人Cの事業年度における月数
　（注3）　2年前の応当日（X03年4月1日）からその合併が
　　　　　あった日の前日（X03年9月30日）までの月数
　ニ　イ＋ロ＋ハ＝1,068万円＞1,000万円
　∴　X05事業年度は納税義務あり

III　分割等の特例

1　概要

　会社法上、分割は、「新設分割」と「吸収分割」の二つの形態に分かれます。このうち「新設分割」とは、新たに法人を設立し、これに分割する法人の事業の全部又は一部を承継させる形態の分割をいいます。一方の「吸収分割」とは、法人の営業の全部又は一部を既存の他の法人に承継させる形態の分割をいいます。

　消費税法においても、この二つの形態に分けて納税義務の特例判定を規定していますが、新設分割等があった場合の特例判定では、会社法に定める「新設分割」のほか、「現物出資による法人の設立で一定のもの」及び「事後設立で一定のもの」もその判定の対象となります

（消法12⑦）。一方、吸収分割があった場合の特例判定では、会社法に定める「吸収分割」がその判定の対象となります（消法12⑤）。

【特例判定の対象となる分割等】（消法12⑤⑦）

特例判定	対象となる分割等
新設分割等の特例判定	・新設分割 ・法人が新たな法人を設立するため現物出資（その新たな法人の設立時においてその発行済株式等の全部をその法人が有することとなるものに限る。）をし、その出資により新たに設立する法人に事業の全部又は一部を引き継ぐ場合におけるその新たな法人の設立 ・法人が新たな法人を設立するため金銭出資をし、その新たな法人と会社法に規定する事後設立に係る契約を締結した場合におけるその契約に基づく金銭以外の資産の譲渡のうち、その新たな法人の設立時において発行済株式の全部をその法人が有している場合その他一定の要件に該当するもの
吸収分割の特例判定	・吸収分割

2 新設分割等

　新設分割等があった場合の特例判定では、相続や合併の場合とは異なり、その事業を承継した新設分割子法人についてだけではなく、その分割等を行った新設分割親法人についても特例判定を行うことになります。

　また、相続や合併があった場合の特例では、特例の判定期間が限定されていました。しかし、新設分割等があった場合の特例では、特に分割事業年度の翌々事業年度以後について、新設分割親法人及び新設分割子法人のいずれの法人においても、持株要件（「特定要件」とい

います。）を満たす限り、特例判定を継続して行うことになります。

　新設分割子法人の納税義務判定では、新設分割子法人の基準期間に対応する期間における新設分割親法人の課税売上高を加味して特例判定を行うことになります。逆に、新設分割親法人の納税義務判定では、新設分割親法人の基準期間に対応する期間における新設分割子法人の課税売上高を加味して特例判定を行うことになります。

　なお、いずれの特例判定においても、その納税義務判定を行う法人の基準期間における課税売上高が1,000万円以下であることが前提となります。例えば、新設分割親法人の納税義務判定では、新設分割親法人の基準期間における課税売上高が1,000万円を超える場合には、そもそもこの特例判定を行う必要はないということです。

　また、その納税義務判定を行う法人が、第3章で解説した課税事業者の選択を行っている場合や第4章で解説した特定期間における課税売上高が1,000万円を超えて課税事業者となる場合についても、やはりこれらの特例判定を考慮する必要はありません。

（注）　納税義務判定を行う法人が、この特例判定によって課税事業者となる場合には「課税事業者届出書（基準期間用）」及び「相続・合併・分割等があったことにより課税事業者となる場合の付表」を速やかに提出する必要があります。

(1) 新設分割子法人

　新設分割子法人の分割事業年度（設立事業年度）及びその翌事業年度については、基準期間自体が存在しません。そこで、分割事業年度及びその翌事業年度については、新設分割親法人の1年間ベースの課税売上高によって特例判定を行います。

　また、分割事業年度の翌々事業年度以後の事業年度については、新設分割子法人と新設分割親法人の実績を合算した1年間ベースの課税

売上高によって特例判定を行います。なお、分割事業年度の翌々事業年度以後は、特定要件を満たさない場合や2以上の新設分割親法人がある場合には、特例判定を行う必要はありません。

【特例判定の概要】（消法12①〜③）

① 分割事業年度及びその翌事業年度
新設分割子法人の基準期間に対応する期間における新設分割親法人の課税売上高(注1) $\gtreqless$ 1,000万円

（注1） 新設分割親法人が2以上ある場合には、いずれかの新設分割親法人に係る金額

② 分割事業年度の翌々事業年度以後
新設分割子法人の基準期間における課税売上高 ＋ 新設分割子法人の基準期間に対応する期間における新設分割親法人の課税売上高 $\gtreqless$ 1,000万円

（注2） 特定要件を満たす場合のみ判定
（注3） 新設分割親法人が2以上ある場合には適用除外

① 分割事業年度及びその翌事業年度の判定

　分割事業年度及びその翌事業年度の判定では、新設分割子法人の基準期間に対応する期間における新設分割親法人の課税売上高（新設分割親法人が2以上ある場合には、いずれかの新設分割親法人に係る金額）が1,000万円を超える場合にその新設分割子法人は課税事業者となります（消法12①②）。

　なお、分割事業年度については、その分割等があった日からその事業年度末までの期間について納税義務が発生します。この場合、原則として、その設立の日から課税事業者となりますが、その分割等が「事後設立で一定のもの」による場合には、その設立の日ではなく、その契約に基づく金銭以外の資産の譲渡が行われた日から課税事業者となります。したがって、このケースでは、設立日からタイムラグがあるので注意する必要があります。

(注) 「分割等があった日」とは、次に掲げる区分に応じ、それぞれ次の日をいいます（消基通1－5－9）。
　㈤　その分割等が「新設分割」又は「現物出資による法人の設立で一定のもの」による場合…新設分割子法人の設立登記の日
　㈥　その分割等が「事後設立で一定のもの」による場合…契約に基づく金銭以外の資産の譲渡が行われた日

　分割事業年度及びその翌事業年度においては、新設分割子法人の基準期間に対応する期間における新設分割親法人の課税売上高は、「新設分割子法人のその事業年度開始の日の2年前の応当日から1年以内に終了した新設分割親法人の事業年度における課税売上高」となります（消令23①②）。つまりは、新設分割子法人の基準期間に相当する期間中に事業年度末が到来する新設分割親法人の課税売上高を特例判定の基礎とするということです。

② 分割事業年度の翌々事業年度以後の事業年度の判定

　分割事業年度の翌々事業年度以後の事業年度では、新設分割子法人がその事業年度の基準期間の末日において特定要件に該当する場合に限って特例判定を行うことになります（消法12③）。

【特定要件】（消法12③、消令24）

> 　新設分割子法人の発行済株式等（自己株式等を除く。）の総数の50％を超える数の株式等が新設分割親法人及びその新設分割親法人と特殊な関係にある者の所有に属する場合その他一定の場合であることをいう。
> (注)　「特殊な関係にある者」とは、新設分割親法人の発行済株式等（自己株式等を除く。）の50％超を有する個人株主等、新設分割親法人が他の会社の発行済株式等（自己株式等を除く。）の50％超を有する場合の他の会社など一定の者をいう。

分割事業年度の翌々事業年度以後の事業年度の判定では、新設分割子法人の基準期間における課税売上高と新設分割子法人の基準期間に対応する期間における新設分割親法人の課税売上高とを合算し、その合計額が1,000万円を超える場合にその新設分割子法人は課税事業者となります（消法12③）。

　分割事業年度の翌々事業年度以後の事業年度においては、新設分割子法人の基準期間に対応する期間における新設分割親法人の課税売上高は、「新設分割子法人のその事業年度開始の日の２年前の応当日から１年以内に開始した新設分割親法人の事業年度（「特定事業年度」といいます。）における課税売上高」となります（消令23③④）。分割事業年度及びその翌事業年度については、終了日ベースで新設分割親法人の課税売上高を捉えるのに対し、分割事業年度の翌々事業年度以後については、開始日ベースで新設分割親法人の課税売上高を捉えることになるので注意が必要です。

　なお、この翌々事業年度以後の事業年度の特例判定においては、上記の新設分割親法人の「特定事業年度における課税売上高」を基礎とします。そして、この課税売上高に新設分割子法人の基準期間における課税売上高を合算し、１年間ベースの課税売上高を算定した上で最終的な判定を行います。この場合、その特定事業年度中に分割等があったのか、特定事業年度前に分割等があったのかによって、新設分割子法人の基準期間における課税売上高の月数換算の方法が異なるので注意する必要があります（消令23③カッコ書き）。

＜特例判定のイメージ＞

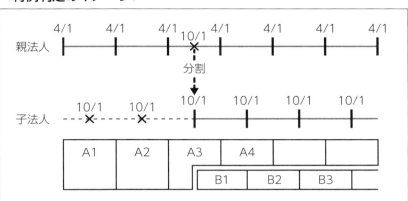

（注）新設分割親法人の課税売上高：A　新設分割子法人の課税売上高：B

［新設分割子法人の特例判定］

(イ) 分割事業年度

　　A１＞1,000万円 → 分割等の日から事業年度末まで納税義務あり

(ロ) 翌事業年度

　　A２＞1,000万円 → その事業年度中の納税義務あり

(ハ) 翌々事業年度

　　※　特定要件を満たす場合のみ

　　B１＋A４ → その事業年度中の納税義務あり

［新設分割親法人の特例判定］

(イ) 分割事業年度及び翌事業年度

　　※　特例判定なし

(ロ) 翌々事業年度

　　※　特定要件を満たす場合のみ

　　$A3 + B1 \times \dfrac{6}{12} > 1,000$万円 → その事業年度中の納税義務あり

　　（注）　新設分割親法人と新設分割子法人の実績を合算した１年間ベースの課税売上高で判定するという趣旨から、新設分割子法人の課税売上高（B１）を分割等があった日からその新設分割親法人の分割等があった事業年度の末日（10/１～３/31）までの月数（６か月）に換算し直した金額を加算した上で判定します。

(2) 新設分割親法人

　新設分割親法人の分割事業年度及びその翌事業年度については、その新設分割親法人の基準期間が分割等が行われる前の期間であり、分割等の影響がありませんので、特例判定の対象とはなりません。

　また、分割事業年度の翌々事業年度以後の事業年度については、新設分割親法人と新設分割子法人の実績を合算した1年間ベースの課税売上高によって特例判定を行います。

　なお、その事業年度の基準期間の末日において、新設分割子法人が上記の特定要件に該当しない場合や2以上の新設分割親法人がある場合には、特例判定を行う必要はありません。

【特例判定の概要】（消法12④）

$$\text{新設分割親法人の基準期間における課税売上高} + \text{新設分割親法人の基準期間に対応する期間における新設分割子法人の課税売上高} \gtreqless 1{,}000万円$$

（注1）特定要件を満たす場合のみ判定
（注2）新設分割親法人が2以上ある場合には適用除外

　分割事業年度の翌々事業年度以後の事業年度の判定では、新設分割親法人の基準期間における課税売上高と新設分割親法人の基準期間に対応する期間における新設分割子法人の課税売上高とを合算し、その合計額が1,000万円を超える場合にその新設分割親法人は課税事業者となります（消法12④）。

　この場合、新設分割親法人の基準期間に対応する期間における新設分割子法人の課税売上高は、「新設分割親法人のその事業年度開始の日の2年前の応当日から1年以内に開始した新設分割子法人の事業年度における課税売上高」となります（消令23⑤）。やはり、開始日ベースで新設分割子法人の課税売上高を捉えることになるので注意が

必要です。

　なお、分割事業年度の翌々事業年度の判定においては、その基準期間の中途に分割等が行われているケースがあります。この場合には、新設分割親法人と新設分割子法人の実績を合算した１年間ベースの課税売上高で判定するという趣旨から、新設分割子法人の課税売上高をその分割等があった日からその新設分割親法人の分割等があった事業年度の末日までの月数に換算し直した上で判定します（消令23⑤カッコ書き）。

【事例】新設分割等があった場合の判定

　Ｘ03年10月１日を分割期日として、法人Ａ（９月決算法人）は、法人Ｂ（３月決算法人）の分割により設立されています。法人Ａ及び法人Ｂの各事業年度における課税売上高（税抜き）が次のとおりである場合に法人ＡのＸ03年10月１日〜Ｘ04年９月30日事業年度からＸ05年10月１日〜Ｘ06年９月30日事業年度までの納税義務及び法人ＢのＸ05年４月１日〜Ｘ06年３月31日事業年度における納税義務の判定をしてください。

　なお、法人Ａの設立時の株式はすべて法人Ｂが保有しており、その後において異動はないものとします。

法人Ａ
自 X03.10.1 至 X04.9.30	自 X04.10.1 至 X05.9.30
972万円 (440万円)	1,050万円 (472万円)

（注）カッコ内の金額は10月１日〜翌年３月31日の期間に係るものです。

法人Ｂ
自 X01.4.1 至 X02.3.31	自 X02.4.1 至 X03.3.31	自 X03.4.1 至 X04.3.31	自 X04.4.1 至 X05.3.31
1,560万円 (711万円)	1,608万円 (724万円)	970万円 (736万円)	630万円 (283万円)

（注）カッコ内の金額は４月１日〜９月30日の期間に係るものです。

解説

法人A及び法人Bの各事業年度における納税義務の判定は次のようになります。

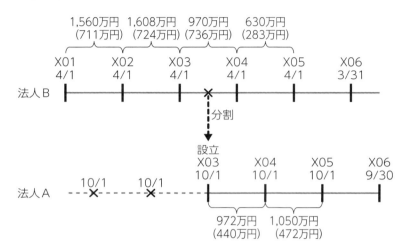

① 法人AのX03年10月1日～X04年9月30日事業年度

(イ) 基準期間及び特定期間はなし

(ロ) 分割等の特例判定

$$\frac{1,560万円}{12_{(注)}} \times 12^{(注)} = 1,560万円 > 1,000万円$$

∴ X03年10月1日～X04年9月30日は納税義務あり

(注) 新設分割子法人の基準期間に対応する期間における新設分割親法人の事業年度が1年でない場合を想定してその課税売上高を年換算します。以下同様です。

② 法人AのX04年10月1日～X05年9月30日事業年度

(イ) 基準期間はなし

(ロ) 特定期間による判定

440万円≦1,000万円

(ハ) 分割等の特例判定

$$\frac{1,608万円}{12} \times 12 = 1,608万円 > 1,000万円$$

∴ X04年10月1日～X05年9月30日事業年度は納税義務あり

③ 法人AのX05年10月1日～X06年9月30日事業年度

(イ) 基準期間による判定

972万円 ≦ 1,000万円

(ロ) 特定期間による判定

472万円 ≦ 1,000万円

(ハ) 分割等の特例判定

イ 基準期間の末日において法人Bが法人Aの株式の50％超を保有していることから特定要件に該当

ロ $\dfrac{972万円}{12} \times 12 + \dfrac{630万円}{12} \times 12 = 1,602万円 > 1,000万円$

∴ X05年10月1日～X06年9月30日事業年度は納税義務あり

④ 法人BのX05年4月1日～X06年3月31日事業年度

(イ) 基準期間による判定

970万円 ≦ 1,000万円

(ロ) 特定期間による判定

283万円 ≦ 1,000万円

(ハ) 分割等の特例判定

イ 基準期間の末日において法人Bが法人Aの株式の50％超を保有していることから特定要件に該当

ロ $970万円 + \underset{(注1)}{\dfrac{972万円}{12}} \times 12 \times \overset{(注2)}{\dfrac{6}{12}} = 1,456万円 > 1,000万円$

∴ X05年4月1日～X06年3月31日事業年度は納税義務あり

(注1) 法人Bの基準期間に対応する期間における法人Aの事業年度（X03年10月1日～X04年9月30日）の月数

(注2)　分割等があった日（X03年10月1日）から法人Bの分割等があった事業年度の末日（X04年3月31日）までの月数

3 吸収分割

　吸収分割があった場合には、その事業を承継した分割承継法人についてのみ特例判定が適用され、その分割を行った分割法人については特例判定が適用されません。

　さらに、特例判定の対象となるのは、その分割承継法人の分割事業年度及びその翌事業年度のみであり、翌々事業年度以後の事業年度については特例判定の対象とはなりません。

　なお、この特例判定においても、その分割承継法人の基準期間における課税売上高が1,000万円以下であることが前提となります。分割承継法人の基準期間における課税売上高が1,000万円を超える場合には、そもそもこの特例判定を行う必要はありません。

　また、その分割承継法人が、第3章で解説した課税事業者の選択を行っている場合や第4章で解説した特定期間における課税売上高が1,000万円を超えて課税事業者となる場合についても、やはりこの特例判定を考慮する必要はありません。

(注)　分割承継法人が、この特例判定によって課税事業者となる場合には「課税事業者届出書（基準期間用）」及び「相続・合併・分割等があったことにより課税事業者となる場合の付表」を速やかに提出する必要があります。

【特例判定の概要】（消法12⑤⑥）

| 分割承継法人の基準期間に対応する期間における分割法人の課税売上高(注) | $>$ 1,000万円 $\leqq$ |

(注)　分割法人が2以上ある場合には、いずれかの分割法人に係る金額

分割承継法人の分割事業年度及びその翌事業年度のいずれの事業年度においても、分割承継法人の実績は合算せず、分割法人単独の1年間ベースの課税売上高によって特例判定を行います。

　具体的な判定では、分割事業年度及びその翌事業年度のいずれの事業年度においても、分割承継法人の基準期間に対応する期間における分割法人の課税売上高（分割法人が2以上ある場合には、いずれかの分割法人に係る金額）が1,000万円を超える場合にその分割承継法人は課税事業者となります（消法12⑤⑥）。

　なお、その分割承継法人の分割事業年度については、吸収分割があった日からその事業年度末までの期間についてだけ納税義務が発生します。事業年度の中途から課税事業者となりますから、吸収分割の日の前日までの期間で仮決算を行い、会計帳簿も事業年度の最初から吸収分割の日の前日までの期間と吸収分割の日から事業年度末までの期間とに区分しておく必要があります。

(注)　「吸収分割があった日」とは、分割の効力を生ずる日をいいます（消基通1－5－10）

　分割承継法人の分割事業年度及びその翌事業年度のいずれの事業年度においても、分割承継法人の基準期間に対応する期間における分割法人の課税売上高は、「分割承継法人のその事業年度開始の日の2年前の応当日から1年以内に終了した分割法人の事業年度における課税売上高」となります（消令23⑥⑦）。いずれの事業年度においても終了日ベースで分割法人の課税売上高を捉えることになります。

＜特例判定のイメージ＞

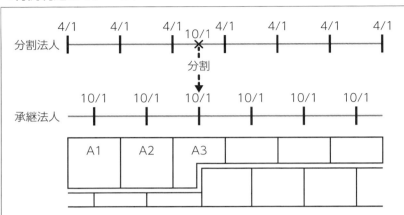

（注）　分割法人の課税売上高：A

[分割承継法人の特例判定]
(1) 分割事業年度
　　A1＞1,000万円 → 吸収分割の日から事業年度末まで納税義務あり
(2) 翌事業年度
　　A2＞1,000万円 → その事業年度中の納税義務あり
(3) 翌々事業年度
　　※　特例判定なし

【事例】 吸収分割があった場合の判定

　法人A（3月決算法人）は、X03年10月1日を分割期日として、吸収分割により法人B（12月決算法人）の事業の一部を承継しています。法人A及び法人Bの各事業年度における課税売上高（税抜き）が次のとおりである場合に法人AのX03年4月1日～X04年3月31日事業年度からX05年4月1日～X06年3月31日事業年度までの納税義務及び法人BのX05年1月1日～X05年12月31日事業年度における納税義務の判定をしてください。

	自X01.4.1 至X02.3.31	自X02.4.1 至X03.3.31	自X03.4.1 至X04.3.31	自X04.4.1 至X05.3.31
法人A	552万円 (264万円)	540万円 (252万円)	984万円 (228万円)	1,560万円 (756万円)

(注) カッコ内の金額は4月1日～9月30日の期間に係るものです。

	自X01.1.1 至X01.12.31	自X02.1.1 至X02.12.31	自X03.1.1 至X03.12.31	自X04.1.1 至X04.12.31
法人B	1,500万円 (735万円)	1,650万円 (804万円)	972万円 (708万円)	630万円 (300万円)

(注) カッコ内の金額は1月1日～6月30日の期間に係るものです。

解説

法人A及び法人Bの各事業年度における納税義務の判定は次のようになります。

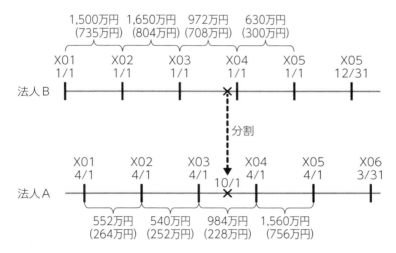

① 法人AのX03年4月1日～X04年3月31日事業年度

(イ) 基準期間による判定

552万円≦1,000万円

(ロ) 特定期間による判定

　　252万円≦1,000万円

(ハ) 分割等の特例判定

$$\frac{1,500万円}{12_{(注)}} \times 12^{(注)} = 1,500万円 > 1,000万円$$

∴　X03年4月1日～X03年9月30日は納税義務なし

　　X03年10月1日～X04年3月31日は納税義務あり

（注）　分割承継法人の基準期間に対応する期間における分割法人の事業年度が1年でない場合を想定してその課税売上高を年換算します。以下同様です。

② 法人AのX04年4月1日～X05年3月31日事業年度

(イ) 基準期間による判定

　　540万円≦1,000万円

(ロ) 特定期間による判定

　　228万円≦1,000万円

(ハ) 分割等の特例判定

$$\frac{1,650万円}{12} \times 12 = 1,650万円 > 1,000万円$$

∴　X04年4月1日～X05年3月31日事業年度は納税義務あり

③ 法人AのX05年4月1日～X06年3月31日事業年度

(イ) 基準期間による判定

　　984万円≦1,000万円

(ロ) 特定期間による判定

　　756万円≦1,000万円

∴　X05年4月1日～X06年3月31日事業年度は納税義務なし

（注）分割等の特例判定はありません。

④　法人BのX05年1月1日～X05年12月31日事業年度
　㈦　基準期間による判定
　　　972万円≦1,000万円
　㈨　特定期間による判定
　　　300万円≦1,000万円
　∴　X05年1月1日～X05年12月31日事業年度は納税義務なし
（注）　分割等の特例判定はありません。

第6章

新設法人に関する特例

Ⅰ 新設法人の特例

　法人の設立1期目や2期目については、その基準期間が存在しませんから、原則として免税事業者となります。しかし、新設法人の中には、設立当初から多額の売上げを計上するものもあります。納税義務の免除制度は、そもそも売上規模の小さい事業者への救済策という前提がありますから、このように設立直後から多額の売上げを計上する法人についてまで納税義務の免除制度を適用する必要はありません。

　そこで、期首の資本金の額又は出資の金額が1,000万円以上の新設法人については、その規模から見て、その基準期間のない事業年度（通常は設立1期目及び2期目）について、その納税義務を免除しないことにしています（消法12の2①）。

＜資本金1,000万円以上の新設法人＞

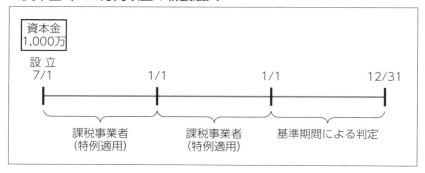

　なお、この新設法人の特例は、あくまでもその基準期間のない事業年度が対象となりますから、基準期間ができる設立3期目以後は、原則として、この特例は適用されません。その基準期間における課税売上高によって納税義務を判定することになります。

【新設法人の特例】

| 適用法人 |…期首の資本金の額又は出資の金額が1,000万円以上の新設法人

| 適用時期 |…基準期間のない事業年度（設立事業年度及びその翌事業年度）

(注1) 新設法人の範囲（消法12の2①、消令25①）

特例の対象となる新設法人からは、専ら非課税資産の譲渡等を行うことを目的として設立された社会福祉法人が除かれます。

(注2) 出資の金額の範囲（消基通1－5－16）

「出資の金額」には、営利法人である合名会社、合資会社又は合同会社に係る出資の金額はもちろんのこと、農業協同組合及び漁業協同組合等の協同組合に係る出資の金額、特別の法律により設立された法人で出資を受け入れることとしているその法人に係る出資の金額、地方公営企業法第18条《出資》に規定する地方公共団体が経営する企業に係る出資の金額及びその他の法人で出資を受け入れることとしている場合のその法人に係る出資の金額が含まれます。

(注3) 合併又は分割等により設立された法人（消基通1－5－17）

合併又は分割等により設立された法人については、第5章で解説した合併があった場合の特例（消法11③）又は分割等があった場合の特例（消法12①）の規定が優先して適用されます。そして、これらの規定が適用されない基準期間がない課税期間について、次順位でこの新設法人の特例が適用されます。

(注4) 「新設法人に該当する旨の届出書」の提出

その事業年度の基準期間がない法人のうち、その事業年度開始の日における資本金の額又は出資の金額が1,000万円以上である法人は、「課税事業者選択届出書」を提出している場合を除き、速やかに「新設法人に該当する旨の届出書」を提出しなければなりません（消法57②）。

ただし、法人税法に規定する「法人設立届出書」にこの特例の対象となる新設法人に該当する旨を記載して提出した場合には、この

「新設法人に該当する旨の届出書」の提出を省略することができます（消基通1－5－20）。

なお、「新設法人に該当する旨の届出書」を提出した場合でも、設立3期目以降において課税事業者となる場合又は課税選択をしようとする場合には、改めて「課税事業者届出書（基準期間用）」若しくは「課税事業者届出書（特定期間用）」又は「課税事業者選択届出書」を提出する必要があります。

この新設法人の特例が適用されるかどうかは、あくまでも設立1期目又は2期目の各々の期首時点での資本金の額又は出資の金額で判断します（消基通1－5－15）。

例えば、設立1期目の期中に増資や減資を行ったようなケースでは、その判断に注意する必要があります。

【事例1】増資を行った場合

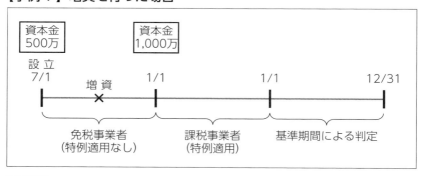

解説

設立1期目については、その期首時点における資本金の額が1,000万円未満ですから、たとえ期中に増資が行われていようとも、新設法人の特例の適用はありません。

一方、設立2期目については、期首時点でその資本金の額が1,000万円以上となっていることから、新設法人の特例の適用があります。

なお、設立3期目については、基準期間（設立1期目）が存在しま

すから、新設法人の特例の適用はありません。原則として、基準期間における課税売上高によって納税義務の判定を行います。

（注）　資本金の額が1,000万円以上で設立された新設法人が、設立1期目の期中に減資を行い、2期目の期首時点でその資本金の額が1,000万円未満となった場合には、設立1期目についてだけこの特例が適用されることになります。

この新設法人の特例が適用されるのは、通常その基準期間がない設立1期目又は2期目となります。

しかし、6か月決算法人や設立から間もない期間に事業年度変更を行った法人については、設立3期目以降も基準期間が発生しないケースがあります。ここで、その資本金の額又は出資の金額が1,000万円以上であれば、この特例が適用されることになります。

【事例2】設立3期目に特例の適用がある場合

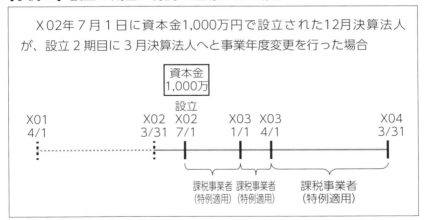

解説

設立1期目及び2期目については、基準期間がありませんから新設法人の特例の適用があります。

一方、設立3期目ですが、その前々事業年度（X02年7月1日～X

02年12月31日）は１年ではありません。そこで、その事業年度開始の日（X03年４月１日）の２年前の応当日（X01年４月１日）から１年以内に開始した各事業年度が基準期間となりますが、その事業年度は存在しません。

したがって、基準期間がありませんから、設立３期目についても新設法人の特例が適用されます。

Ⅱ 特定新規設立法人の特例

1 概要

新設法人の設立１期目及び２期目については、資本金の額又は出資の金額が1,000万円以上の新設法人であれば、上記Ⅰで解説した新設法人の特例（消法12の２①）により課税事業者となります。一方、資本金の額又は出資の金額が1,000万円未満の新設法人であれば、この特例の適用がありませんので、原則として免税事業者となります。

しかし、資本金の額又は出資の金額が1,000万円未満の新設法人のうち、その課税売上高が５億円を超えるような大規模事業者を含む企業グループにその発行済株式等の50％超を保有されているもの（「特定新規設立法人」といいます。）については、その設立１期目及び２期目について、その納税義務が免除されないことになります（消法12の３①）。

＜特例の概要＞

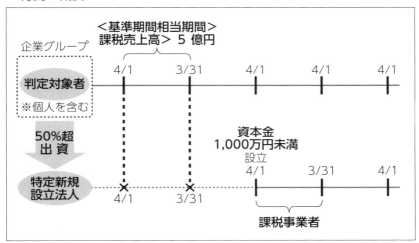

【特定新規設立法人の特例】

適用法人 …特定新規設立法人

適用期間 …基準期間のない事業年度（設立事業年度及びその翌事業年度）

（注１） 特定新規設立法人の範囲（消法12の３①、消令25①）

特定新規設立法人は、上記Ⅰの特例の適用を受ける新設法人以外の法人であり、専ら非課税資産の譲渡等を行うことを目的として設立された社会福祉法人が除かれます。

（注２） 合併又は分割等により設立された法人（消基通１－５－17）

合併又は分割等により設立された法人については、第５章で解説した合併があった場合の特例（消法11③）又は分割等があった場合の特例（消法12①）の規定が優先して適用されます。そして、これらの規定が適用されない基準期間がない課税期間について、次順位でこの特定新規設立法人の特例が適用されます。

（注３） 特定新規設立法人に該当するかどうかは、あくまでも各事業年度の期首時点で判断します。また、事業年度変更などを行った結果、設立３期目以降であっても、基準期間がない場合には、この特例が

適用されます(消基通1-5-15の2)。

(注4) 「特定新規設立法人に該当する旨の届出書」の提出

特定新規設立法人に該当する法人は、「課税事業者選択届出書」を提出している場合を除き、速やかに「特定新規設立法人に該当する旨の届出書」を提出しなければなりません(消法57②)。

なお、この届出書を提出した場合でも、設立2期目以降において課税事業者となる場合、課税選択をしようとする場合又は上記Ⅰの新設法人に該当することとなった場合には、改めて「課税事業者届出書(基準期間用)」若しくは「課税事業者届出書(特定期間用)」、「課税事業者選択届出書」又は「新設法人に該当する旨の届出書」を提出する必要があります。

＜新設法人に関する特例の適用関係＞

2 特定新規設立法人

(1) 内容

この特例の適用対象となるのは「特定新規設立法人」ですが、具体的には次の要件を満たす新設法人が「特定新規設立法人」に該当します。

【特定新規設立法人の要件】(消法12の3①)

① その基準期間がない事業年度開始の日(「新設開始日」といいます。)における資本金の額又は出資の金額が1,000万円未満であること
② その新設開始日において特定要件に該当すること
③ いずれかの判定対象者の基準期間相当期間における課税売上高が5億円を超えていること
(注) 各判定対象者の課税売上高は合算しません。一の判定対象者の課税売上高のみによって判定します。

(2) 特定要件

「特定要件」とは、「他の者」(その判定の中心となる者をいい、個人又はその新設法人以外の法人となります。)により、その新設法人の発行済株式等の50％超を直接又は間接に保有される場合など、その新設法人が支配される次に掲げる場合のいずれかに該当する場合であることをいいます。

【特定要件】(消令25の2)

① 他の者がその新設法人の発行済株式等(自己株式等を除く。以下同じ。)の50％超を有する場合
② 他の者及び下記［A群］に掲げる者がその新設法人の発行済株式等の50％超を有する場合
③ 他の者及び下記［A群］に掲げる者が事業譲渡などその新設法人の重要な決議に係る一定の議決権につき、その総数(その議決権を行使することができない株主等が有する議決権の数を除く。)の50％超を有する場合

④ 他の者及び下記［A群］に掲げる者が合名会社、合資会社又は合同会社であるその新設法人の社員（その新設法人が業務執行社員を定めた場合にあっては業務執行社員）の総数の50％超を占める場合

［A群］

(イ) 他の者の親族等

(ロ) 他の者（他の者が個人である場合には、他の者の親族等を含む。下記(ハ)及び(ニ)も同様。）が他の法人を完全に支配している場合における当該他の法人

(ハ) 他の者及びこれと上記(ロ)に掲げる法人が他の法人を完全に支配している場合における当該他の法人

(ニ) 他の者並びにこれと上記(ロ)及び(ハ)に掲げる法人が他の法人を完全に支配している場合における当該他の法人

(注1) 「親族等」とは、次に掲げる者をいう。
 a 他の者の親族
 b 他の者と婚姻の届出をしていないが事実上婚姻関係と同様の事情にある者
 c 他の者の使用人
 d 上記a～cに掲げる者以外の者で他の者から受ける金銭その他の資産によって生計を維持しているもの
 e 上記b～dに掲げる者と生計を一にするこれらの者の親族

(注2) 「他の法人を完全に支配している場合」とは、他の法人の発行済株式等（自己株式等を除く。）の全部を有する場合等をいう。

(注3) 個人又は法人との間でその個人又は法人の意思と同一の内容の議決権を行使することに同意している者がある場合には、その者が有する議決権はその個人又は法人が有するものとみなすなどして判定する。

ちなみに、第5章で解説した分割等があった場合の特例判定においても「特定要件」が絡んできます。具体的には、新設分割子法人又は新設分割親法人の分割事業年度の翌々事業年度以後の事業年度について、「特定要件」を満たした場合に限って特例判定を行うことになります（消法12③④）。

　非常に紛らわしいのですが、この分割等があった場合の特例に規定する「特定要件」と特定新規設立法人の特例に規定する「特定要件」では、同じ語句を使用してはいますが、その内容は大きく異なります。これらを混同しないように注意する必要があります。

(3) 判定対象者

　最終的に「判定対象者」のうち、いずれかの者の基準期間相当期間における課税売上高が5億円を超える場合に、その新設法人の納税義務は免除されないことになります。

　なお、「判定対象者」とは、次に掲げる特定要件に該当するかどうかの判定の基礎となった他の者及び他の者と完全支配関係にあるような法人のうちいずれかの者をいいます。

【判定対象者】（消令25の3、25の4①）

① 特定要件に該当する旨の判定の基礎となった他の者（新設法人の発行済株式等を直接有する者に限る。）

② 他の者（新設法人の発行済株式等を直接有する者に限り、他の者が個人である場合には、その親族等を含む。下記③及び④も同様。）が他の法人を完全に支配している場合における当該他の法人

③ 他の者及びこれと上記②に掲げる法人が他の法人を完全に支配している場合における当該他の法人

④　他の者並びにこれと上記②及び③に掲げる法人が他の法人を完全に支配している場合における当該他の法人

（注１）　上記②〜④に掲げる法人のうち、次に掲げる「非支配特殊関係法人」については判定対象者に該当しない。
　　㈦　別生計親族等（新設法人の発行済株式等を直接有する他の者と生計を一にしない親族等をいう。）が他の法人を完全に支配している場合における当該他の法人
　　㈠　別生計親族等及びこれと上記㈦に掲げる法人が他の法人を完全に支配している場合における当該他の法人
　　㈥　別生計親族等並びにこれと上記㈦及び㈠に掲げる法人が他の法人を完全に支配している場合における当該他の法人

（注２）　「親族等」の範囲については、上記（２）の「特定要件」の場合と同じ。

（注３）　「他の法人を完全に支配している場合」については、上記（２）の「特定要件」の場合と同じ。

　なお、「特定要件」でいうところの「他の者」と「判定対象者」でいうところの「他の者」の範囲は異なるので注意する必要があります。

　「特定要件」でいうところの「他の者」については、その新設法人の直接株主等に限定されていない（消令25の２①）のですが、「判定対象者」でいうところの「他の者」については、その新設法人の直接株主等に限定されています（消令25の３②一、25の４①）。

　したがって、「特定要件」に該当するかどうかの判定に当たっては、「他の者」が直接株主等であるかどうかにかかわらず、「他の者」を中心とした株主グループで判定するのですが、最終的に直接株主等ではない「他の者」の基準期間相当期間における課税売上高が５億円を超えていたとしても、この特例は適用されないことになります。

また、「他の者」の「親族等」についても、「特定要件」の判定上はその持株等を含めて判定します（消令25の2①二）が、その「親族等」自体は「判定対象者」に該当しません（消令25の3②一、25の4①）。もっとも、その「親族等」を「他の者」（中心となる者）と考えた場合に「特定要件」に該当し、その「親族等」が新設法人の直接株主等であれば、当然に「判定対象者」となります。

(4) 解散法人の場合

　この特例の実質的な判断基準となる者である判定対象者は、継続法人だけとは限りません。その新設法人の設立の日前1年以内又はその事業年度開始の日前1年以内に解散していた法人であっても、その解散した日において上記（3）に掲げる特殊な関係にある法人に該当していたものについては、やはり判定対象者となります（消法12の3②）。

＜解散法人の場合＞

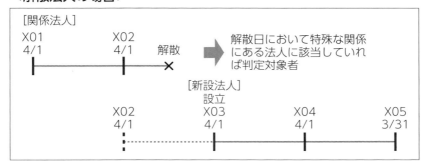

特定要件の判定における出資者の範囲と判定対象者の範囲については密接な関係があるわけですが、ここではいくつかの事例によってその関係性を確認します。

【事例1】他の者が法人の場合（その1）

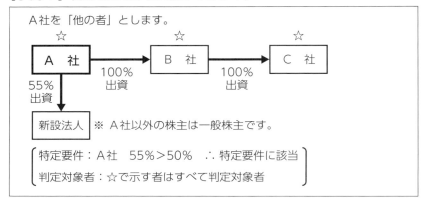

解説

① 特定要件

　A社が新設法人の発行済株式の50％超を保有していますので特定要件に該当します。

② 判定対象者

　直接の株主であるA社はもちろんのこと、A社が完全に支配している（100％の出資関係にある）B社、さらにはそのB社が完全に支配している（100％の出資関係にある）C社も判定対象者となります。

　なお、A社がB社を完全に支配していない（100％の出資関係にない）場合には、B社及びC社は判定対象者にはなりません。

【事例2】他の者が法人の場合（その2）

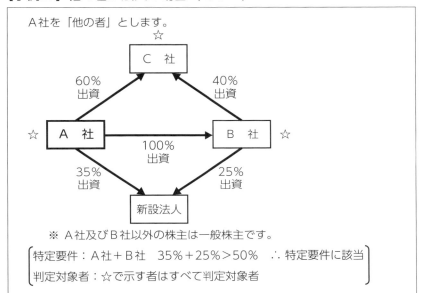

解説

① 特定要件

　A社単独では新設法人の発行済株式の50％超を保有していませんが、A社及びA社が完全に支配している（100％の出資関係にある）B社が保有する持株の合計で50％超ですので特定要件に該当します。

　なお、A社がB社を完全に支配していない（100％の出資関係にない）場合には、B社の持株はカウントしませんので特定要件を満たしません。

② 判定対象者

　直接の株主であるA社及びA社が完全に支配している（100％の出資関係にある）B社はもちろんのこと、A社及びB社が完全に支配している（60％＋40％＝100％の出資関係にある）C社も

判定対象者となります。

なお、A社及びB社がC社を完全に支配していない（100％の出資関係にない）場合には、C社は判定対象者にはなりません（この場合でもA社及びB社は判定対象者となります。）。

【事例3】他の者が法人の場合（その3）

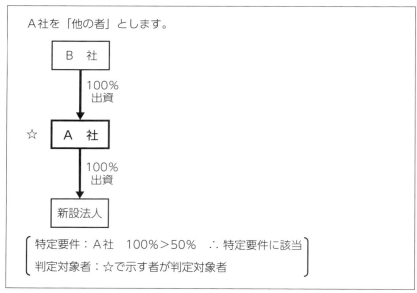

解説

① 特定要件

A社が新設法人の発行済株式の50％超を保有していますので特定要件に該当します。

② 判定対象者

直接の株主であるA社はもちろん判定対象者となりますが、B社はA社が完全に支配している法人ではありません（B社がA社を完全に支配している）ので判定対象者にはなりません。

仮にB社を「他の者」と考えた場合、B社が完全に支配してい

る（100％の出資関係にある）Ａ社が新設法人の発行済株式の50％超を保有していますので特定要件には該当します。しかし、Ｂ社は新設法人の直接株主ではありませんので判定対象者にはなりません。

【事例４】他の者が個人の場合

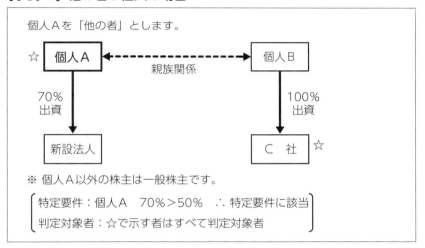

解説

① 特定要件

個人Ａが新設法人の発行済株式の50％超を保有していますので特定要件に該当します。

② 判定対象者

直接の株主である個人Ａはもちろん判定対象者となります。

また、個人Ａの親族である個人Ｂが完全に支配している（100％の出資関係にある）Ｃ社も判定対象者となります。

なお、個人Ａの親族である個人Ｂ自体は判定対象者にはなりません。仮に、個人Ｂを「他の者」と考えた場合、その親族である個人Ａが新設法人の発行済株式の50％超を保有していますので特

定要件には該当しますが、個人Bが新設法人の直接株主ではありませんので判定対象者にはなりません。

(注) 個人Aと個人Bが生計を一にしない親族である場合には、個人Bが完全に支配しているC社は判定対象者には含めないこととされています。

[別生計親族の場合]

個人B及びC社は判定対象者となりません。

3 基準期間相当期間

基準期間相当期間とは、原則として、その新設法人の基準期間がない事業年度開始の日(新設開始日)の2年前の応当日から1年以内に終了した判定対象者の年又は事業年度をいいます。

この期間における判定対象者の課税売上高が5億円を超えていれば、その段階でその新設法人は課税事業者となります。しかし、注意したいのは、この期間における課税売上高が5億円以下となった場合には、さらにその新設法人の新設開始日の前日に至るまでに順次終了した判定対象者の年又は事業年度等で判定を行っていかなければならないということです(消令25の4②)。

なお、次のそれぞれに掲げる(1)~(3)の順に基準期間相当期間を捉えていくことになります。

【判定対象者が個人である場合の基準期間相当期間】(消令25の4②一)

(1) その新設法人の新設開始日の2年前の応当日から1年以内に12月31日が到来する判定対象者の年

(2) その新設法人の新設開始日の1年前の応当日から新設開始日の前日までの間に12月31日が到来する判定対象者の年(注1)

　(注1)　その翌年の1月1日から新設開始日の前日までの期間が2か月未満であるものを除く。

(3) その新設法人の新設開始日の1年前の応当日から新設開始日の前日までの間にその6月30日が到来する判定対象者の年の1月1日から6月30日までの期間(注2)

　(注2)　その年の7月1日から新設開始日の前日までの期間が2か月未満であるものを除く。

【判定対象者が法人である場合の基準期間相当期間】(消令25の4②二)

(1) その新設法人の新設開始日の2年前の応当日から1年以内に終了した判定対象者の事業年度

(2) その新設法人の新設開始日の1年前の応当日から新設開始日の前日までの間に終了した判定対象者の事業年度(注1)

　(注1)　その終了する日の翌日から新設開始日の前日までの期間が2か月未満であるものを除く。

(3) その新設法人の新設開始日の1年前の応当日から新設開始日の前日までの間にその6か月の期間の末日が到来する判定対象者の事業年度開始の日以後6か月の期間(注2)

　(注2)　上記(1)又は(2)に定める期間に含まれるもの及びその6か月の期間の末日の翌日から新設開始日の前日までの期間が2か月未満であるものを除く。

【事例】 基準期間相当期間の捉え方

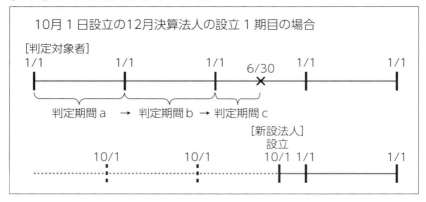

解説

納税義務の特例判定は、次の順序で行っていきます。

① その新設法人の新設開始日の２年前の応当日から１年以内に終了した判定対象者の判定期間ａの課税売上高で判定します。

　なお、この課税売上高が５億円を超える場合には設立事業年度は課税事業者となります。

② 判定期間ａの課税売上高が５億円以下の場合には、その新設法人の新設開始日の１年前の応当日からその新設開始日の前日までの間に終了した判定対象者の判定期間ｂの課税売上高で判定します。

　なお、この課税売上高が５億円を超える場合には設立事業年度は課税事業者となります。

③ 判定期間ｂの課税売上高が５億円以下の場合には、その新設法人の新設開始日の１年前の応当日からその新設開始日の前日までの間に終了した判定対象者の判定期間ｃの課税売上高で判定します。

　なお、この課税売上高が５億円を超える場合には設立事業年度

は課税事業者となります。
（注） 判定期間ｃについては、その新設法人の特定期間に相当する期間と考えられますので、その判定対象者のその事業年度開始の日以後６か月の期間となります。
　なお、特定期間と同様に、その６か月の期間の末日の翌日からその新設法人の新設開始日の前日までの期間が２か月未満の場合には、判定期間ｃによる判定は行いません。

④　判定期間ｃの課税売上高が５億円以下の場合には、この特例の適用はありません。したがって、その設立事業年度については免税事業者となります。

4　基準期間相当期間における課税売上高

　判定対象者の基準期間相当期間における課税売上高の算定方法については、基準期間における課税売上高又は特定期間における課税売上高の算定方法と基本的には同じです。

　したがって、この課税売上高の算定には免税売上高が含まれますが、非課税売上高や課税対象外収入は含まれません。また、税抜きの純課税売上高で算定しますから、基準期間相当期間が課税事業者の場合には、その課税売上高につき税抜処理をし、返品、値引、割戻しなどの金額についてはこれを総売上高からマイナスします。

　ただし、注意したいのは、基準期間相当期間における課税売上高は、原則として年換算後の金額となるのですが、上記３「基準期間相当期間」の【事例】で解説した「判定期間ｃ」の判定を行うようなケースについてだけ、特定期間における課税売上高の算定と同様に、年換算を行わないことになります（消令25の４①）

5 情報の提供

他の者は、特定要件に該当する新設法人から、基準期間相当期間における課税売上高が5億円を超えるかどうかの判定に関し、必要な事項について情報の提供を求められた場合には、これに応じなければなりません（消法12の3④）。

【事例】特定新規設立法人の判定

次の［資料］により、甲社の設立課税期間（X03年10月1日～X04年3月31日）が、消法12の3①《特定新規設立法人の納税義務の免除の特例》に規定する「特定新規設立法人」に該当するかどうか判定してください。なお、［資料］のWを消法12の3①に規定する「他の者」として解答してください。

［資料］

1. 甲社は、X03年10月1日に資本金900万円で設立された3月決算法人です。甲社は、甲社の代表取締役であるWが別に代表取締役を務めるA社及びWと生計を一にするWの妻Yが代表取締役を務めるB社が製造した商品を仕入れ、これを販売することを主な業務としています。

2. 甲社の設立時点における甲社、A社及びB社の株主の内訳等は次のとおりです。なお、株式はすべて普通株式です。

法人	発行済株式総数	株主の内訳とその持株数
甲社	180株	W（90株）、Y（63株）、A社（27株）
A社	200株	W（200株）
B社	100株	Y（100株）

3. A社及びB社の各課税期間等における課税売上高（税抜き）は次のとおりです。なお、W及びYは給与所得者です。

$$\begin{bmatrix} 自 X01.4.1 \\ 至 X02.3.31 \end{bmatrix} \begin{bmatrix} 自 X02.4.1 \\ 至 X03.3.31 \end{bmatrix} \begin{bmatrix} 自 X03.4.1 \\ 至 X04.3.31 \end{bmatrix}$$

```
法人A    4億9,500万    5億1,200万    5億4,900万
        （2億3,260万）（2億5,500万）（2億5,800万）
    （注） カッコ内の金額は4月1日～9月30日の期間に係るも
         のです。
         ⎡自X01.1.1  ⎤ ⎡自X02.1.1  ⎤ ⎡自X03.1.1  ⎤
         ⎣至X01.12.31⎦ ⎣至X02.12.31⎦ ⎣至X03.12.31⎦
法人B    4億7,500万    4億8,100万    4億8,750万
        （2億1,260万）（2億3,500万）（2億4,730万）
    （注） カッコ内の金額は1月1日～6月30日の期間に係るも
         のです。
```

解説

(1) 特定要件の判定

$$\frac{90株+63株+27株}{180株} = \frac{180株}{180株} > 50\% \quad \therefore 特定要件に該当$$

(2) 基準期間相当期間における課税売上高による判定

① Wは判定対象者に該当しますが、給与所得者であり、基準期間相当期間における課税売上高はありません。

② A社

　(イ) X01年4月1日～X02年3月31日

　　　4億9,500万円≦5億円

　(ロ) X02年4月1日～X03年3月31日

　　　5億1,200万円＞5億円

③ B社

　(イ) X01年1月1日～X01年12月31日

　　　4億7,500万円≦5億円

　(ロ) X02年1月1日～X02年12月31日

　　　4億8,100万円≦5億円

(ハ) X03年1月1日〜X03年6月30日

2億4,730万円 ≦ 5億円

④ 判定

②(ロ)により特定新規設立法人に該当

(注) Wを「他の者」と考えた場合、Y社は判定対象者に該当しません。

(参考) Yを「他の者」と考えた場合、特定要件を満たし、Yは判定対象者となります。

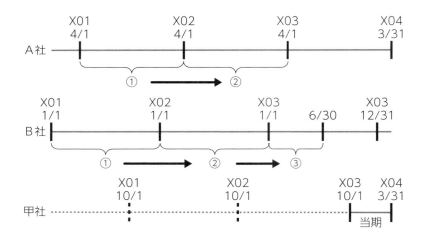

この事例では、A社のX02年4月1日〜X03年3月31日事業年度の課税売上高が5億円を超えることから、結果として甲社は特定新規設立法人に該当します。

一方、B社の基準期間相当期間は、本来であればX01年1月1日〜X01年12月31日事業年度となりますが、この期間中の課税売上高が5億円以下となることから、順次X02年1月1日〜X02年12月31日事業年度、X03年1月1日〜X03年6月30日期間と判定を行っていくことになります。

なお、X03年1月1日〜X03年6月30日期間は、特定期間相当期間

と考えられます。したがって、特定期間と同様に考え、その6か月の期間の末日の翌日から新設開始日の前日までの期間が2か月未満の場合には、基準期間相当期間として捉えないことになります。しかし、事例では、その6か月の期間の末日の翌日（X03年7月1日）から新設開始日の前日（X03年9月30日）までの期間が2か月以上であるため、基準期間相当期間としてカウントすることになります。

第7章

棚卸資産や固定資産を取得した場合の特例

I 調整対象固定資産を取得した場合の特例

1 概要

　平成22年度改正において「調整対象固定資産を取得した場合の特例」が創設されました。従来、本来は仕入税額控除ができないはずの住宅マンションやアパートなどの取得に係る消費税について、自動販売機を設置し、少額の飲料を販売するだけで還付を受けるなどのスキームが横行していました。そこで、このようなスキームに対する対抗策として、課税事業者を選択した事業者や新設法人が調整対象固定資産（税抜きの課税仕入れ等の金額が100万円以上の固定資産をいいます。）を取得した場合に特例を適用し、還付スキームの封じ込めが図られたのです。

【特例が適用されるケース】

> （1）課税事業者を選択した事業者が、本来の課税事業者としての拘束期間中に調整対象固定資産を取得した場合
> （2）資本金の額又は出資の金額が1,000万円以上の新設法人や特定新規設立法人が、その基準期間がない事業年度（本来の課税事業者としての拘束期間）において調整対象固定資産を取得した場合

　この特例が適用されるのは上記のケースに限定されています。したがって、拡大解釈をする必要はありません。
　例えば、新設法人でいえば、特例が適用されるのは、あくまでも基準期間がない事業年度において調整対象固定資産を取得した場合だけです。基準期間が存在する設立3期目に調整対象固定資産を取得した

ところで、この特例はまったく関係ありません。「新設法人が調整対象固定資産を取得した場合」などというアバウトな捉え方をしていると思わぬミスに繋がります。後述するこの特例の前提条件については、しっかりと確認するようにしてください。

なお、いずれのケースにおいても、その特例の効果として、調整対象固定資産を取得した課税期間から第三年度の課税期間までは課税事業者として拘束され、かつ、簡易課税制度を適用することができません。調整対象固定資産を取得した課税期間から第三年度の課税期間までは、原則課税による確定申告が強制適用されることになるのです。

そしてこの結果、調整対象固定資産を取得した課税期間から3年目の第三年度の課税期間において、調整対象固定資産に関する仕入控除税額の調整規定（消法33～35）が適用される場合があります。まさにこの調整規定が、自動販売機設置による還付スキームなどの封じ込めに機能しています。

しかし、ここで特に注意しておかなければならないのは、還付スキームを実際に行っているかどうか、あるいはこの仕入控除税額の調整規定が適用されるかどうかということと、ここで解説する「調整対象固定資産を取得した場合の特例」が適用されるかどうかということはまったくの別物であるということです。還付スキームとはまったく無縁の事業者であっても、条件さえ満たしてしまえばこの特例は適用されるのです。実務上は、むしろその弊害について十分に注意する必要があります。

参考として、過去に実際に行われていたスキームとこの特例を適用した場合の効果について、事例を使って紹介します。

【参考１】従来行われていた自動販売機設置による還付スキーム

個人が居住用賃貸アパートを建築し、不動産賃貸業を開業しました。なお、建物の完成がＸ01年の年末近くになり、実際の賃貸は翌Ｘ02年に開始したものとします。

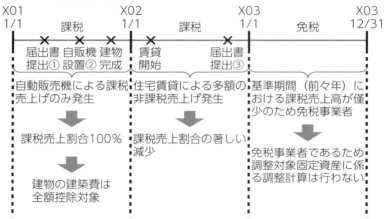

① 建物の完成に合わせて課税事業者選択届出書を提出し、課税事業者となります。

　※　事業開始課税期間については、課税事業者選択届出書の効力は、その提出した課税期間から発生させることができます。

② 建物が完成する課税期間に自動販売機を設置し、課税売上げを発生させます。

③ 課税事業者選択不適用届出書を提出し、課税選択の効力を失効させます。

　※　改正後はこのタイミングで課税事業者選択不適用届出書の提出はできません。

【参考２】調整対象固定資産を取得した場合の特例を適用した場合の効果

上記【参考１】の還付スキームにおいて、「調整対象固定資産を取得した場合の特例」を適用すると課税事業者選択不適用届出書及び簡易課税制度選択届出書の提出に制限がかかります。この結果、第三年度の課税期間まで原則課税による確定申告が強制適用となります。

ここで、各課税期間の取引が次のような場合、調整対象固定資産に関する仕入控除税額の調整計算は次のように行います。

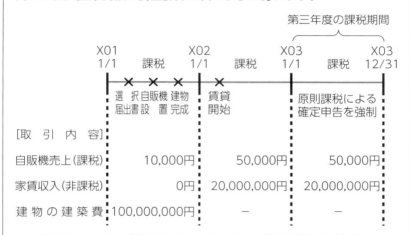

※ 便宜上、すべて税抜金額とし、建物の建築費以外の課税仕入れはなかったものとします。

※ 便宜上、地方消費税も一緒に考慮して計算します。

(1) X01年の還付税額

① 課税売上げに対する消費税額

10,000円 × 8％ ＝ 800円

② 課税売上割合

$\dfrac{10,000円}{10,000円} = 100\% \geqq 95\%$

③ 仕入控除税額

$100,000,000 円 \times 8\% = 8,000,000 円$ ⇒ 課税売上割合が95％以上となるため全額控除対象

④ 還付税額

$8,000,000 円 - 800 円 = \underline{7,999,200 円}$

(2) X03年の納付税額

① 課税売上げに対する消費税額

$50,000 円 \times 8\% = 4,000 円$

② 調整前の仕入控除税額

0 円

③ 調整対象固定資産の判定

$100,000,000 円 \geq 1,000,000 円$ ∴調整対象固定資産に該当

④ 調整計算の可否

(イ) 仕入れ等の課税期間の課税売上割合

100％

(ロ) 通算課税売上割合

$$\frac{10,000 円 + 50,000 円 + 50,000 円}{10,000 円 + (50,000 円 + 20,000,000 円) + (50,000 円 + 20,000,000 円)} \fallingdotseq 0.2\%$$

(ハ) 著しい変動の可否

変動率：$\frac{100\% - 0.2\%}{100\%} \geq 50\%$　かつ　変動差：$100\% - 0.2\% \geq 5\%$

∴　仕入控除税額の減算調整

⑤ 調整税額

$8,000,000 円 - 8,000,000 円 \times 0.2\% = 7,984,000 円$

⑥ 調整後の仕入控除税額

$0 円 - 7,984,000 円 = \triangle 7,984,000 円$

⇒ 調整税額を調整前の仕入控除税額から控除して控除しきれない場合には、控除しきれない金額を課税売上げに対する消費税額に加算します。

⑦　納付税額

4,000円＋7,984,000円＝7,988,000円

　仕入控除税額の調整計算により、X01年で還付を受けた金額とほぼ同じ金額が第三年度の課税期間であるX03年で納税となります。ちなみに、この調整計算は第三年度の課税期間が課税事業者で原則課税を適用することが条件となります。「調整対象固定資産を取得した場合の特例」が、まさにこの調整計算を適用するための下地を作っているわけです。

2 課税事業者を選択した場合

(1) 届出書の提出制限

　免税事業者が課税事業者選択届出書を提出し、その本来の課税事業者としての拘束期間中に調整対象固定資産を取得した場合には、課税事業者選択不適用届出書の提出が通常の場合よりもさらに制限されます。

　この結果、原則として調整対象固定資産を取得した課税期間から第三年度の課税期間までは課税事業者としての拘束期間が強制的に延長されることになります。

【課税事業者選択不適用届出書の提出制限】（消法9⑦）

> 　課税事業者を選択した事業者は、課税事業者を選択した課税期間の初日から2年を経過する日までの間に開始した各課税期間（簡易課税制度の適用を受ける課税期間を除く。）中に調整対象固定資産の仕入れ等を行った場合には、事業を廃止した場合を除き、調整対象固定資産の仕入れ等の日の属する課税期間の初日から3年を経過する日の属する課税期間の初日以後でなければ課税

事業者選択不適用届出書を提出することができない。
(注)　「調整対象固定資産の仕入れ等を行った場合」とは、国内における調整対象固定資産の課税仕入れ又は調整対象固定資産に該当する課税貨物の保税地域からの引取りを行った場合をいう。

　また、この場合には、簡易課税制度選択届出書の提出が制限され、この結果、原則として調整対象固定資産を取得した課税期間から第三年度の課税期間までは簡易課税制度を適用することはできません。

【簡易課税制度選択届出書の提出制限】（消法37③一）

　調整対象固定資産の仕入れ等の日の属する課税期間の初日から３年を経過する日の属する課税期間の初日以後でなければ簡易課税制度選択届出書を提出することができない。

(注１)　調整対象固定資産を取得した課税期間において簡易課税制度を適用している場合には、課税事業者選択不適用届出書の提出制限規定は適用されません（消法９⑦カッコ書き）。

(注２)　課税事業者選択不適用届出書及び簡易課税制度選択届出書の提出制限規定は、本来の課税事業者としての拘束期間中に調整対象固定資産を取得した後、これを廃棄、売却等により処分したとしても継続して適用されることになります（消基通１－４－15の２、13－１－４の３）。

　　　　なお、課税売上割合が著しく変動した場合の調整対象固定資産に関する仕入控除税額の調整規定（消法33①）は、取得した調整対象固定資産を第三年度の課税期間の末日まで保有していることが要件となっているため、第三年度の課税期間の末日に至るまでに、これを廃棄、売却等により処分した場合には適用されません。

【事例】課税選択をした事業者が調整対象固定資産を取得した場合

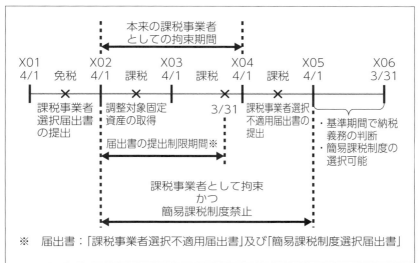

解説

　調整対象固定資産の仕入れ等の日の属する課税期間の初日（X02年4月1日）から3年を経過する日（X05年3月31日）の属する課税期間の初日（X04年4月1日）以後でなければ課税事業者選択不適用届出書及び簡易課税制度選択届出書を提出することはできません。

　結果として、X02年4月1日〜X03年3月31日課税期間からX04年4月1日〜X05年3月31日課税期間までは、課税事業者として拘束されるとともに簡易課税制度を選択することはできません。

　ちなみに、この事例で、調整対象固定資産がテナントビルだったとします。この場合、X02年4月1日〜X03年3月31日課税期間において仕入控除税額の還付を受けたとして、その後の課税期間については納税となるケースが多いです。課税事業者選択届出書を提出する前にその拘束期間中のトータルの税額がどのくらいになるのかをあらかじめシミュレーションしておく必要があります。

(2) 連年で調整対象固定資産を取得した場合

本来の課税事業者としての拘束期間（原則として2年間）において連年で調整対象固定資産を取得する場合には特に注意する必要があります。

調整対象固定資産の取得による課税事業者選択不適用届出書の提出制限規定及び簡易課税制度選択届出書の提出制限規定は、ともに「課税事業者を選択した課税期間の初日」から起算するのではなく、あくまでも「調整対象固定資産の仕入れ等の日の属する課税期間の初日」から起算して、その届出書の提出を制限するものです。

したがって、本来の課税事業者としての拘束期間の2年目に調整対象固定資産を取得した場合、そこから3年間、課税事業者として拘束されるとともに、簡易課税制度を選択できません。結果として、課税選択を行った課税期間からトータルで4年間は課税事業者として拘束されるとともに、簡易課税制度を選択することができないことになります。

【事例】連年で調整対象固定資産を取得した場合

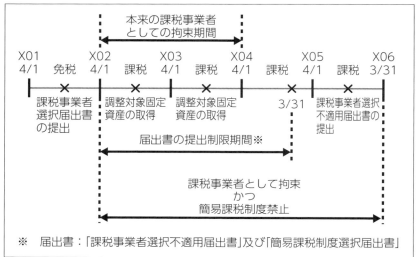

> **解説**

　課税選択の2年目にも調整対象固定資産を取得した場合、その仕入れ等の日の属する課税期間の初日（X03年4月1日）から3年を経過する日（X06年3月31日）の属する課税期間の初日（X05年4月1日）以後でなければ課税事業者選択不適用届出書及び簡易課税制度選択届出書を提出することはできません。

　結果として、X02年4月1日～X03年3月31日課税期間からX05年4月1日～X06年3月31日課税期間までは、課税事業者として拘束されるとともに簡易課税制度を選択することはできません。

　ちなみに調整対象固定資産とは、税抜きの取得価額が100万円以上の固定資産をいいます。通常、車両1台でも100万円以上しますから、これが調整対象固定資産に該当するのです。

　上記の事例で、X02年4月1日～X03年3月31日課税期間中に店舗建物の取得などで仕入控除税額の還付を受けたとします。ここで、X03年4月1日～X04年3月31日課税期間中に車両を1台でも取得してしまうと課税事業者としての拘束期間が1年間延長されることになります。大袈裟な言い方をすれば、車両1台の取得と引き替えに1年間分余計な税金を払うことになるのです。

(3) 届出が無効とされる場合

　課税事業者選択届出書を提出し、課税事業者を選択したとしても、調整対象固定資産の取得がなければ、この取得による課税事業者選択不適用届出書又は簡易課税制度選択届出書の提出制限はかかりません。

　一方、課税事業者選択不適用届出書又は簡易課税制度選択届出書を提出した後、同一課税期間中に調整対象固定資産を取得した場合には、いったん受理されたこれらの届出書が無効となる場合があるので

注意する必要があります（消法9⑦、37④）。

【事例】届出書の提出が無効とされる場合

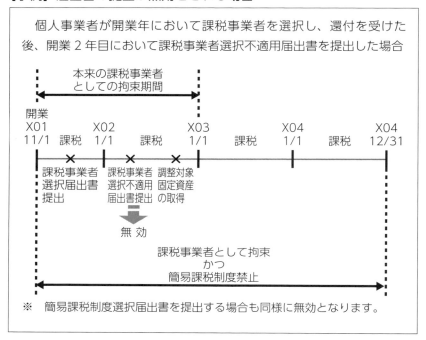

解説

課税事業者選択不適用届出書の提出に至るまで調整対象固定資産の取得がなければ、届出書の提出自体はできます。ただし、届出書の提出と同一課税期間中に調整対象固定資産を取得した場合には、この届出書の提出は無効となります。

また、本来の課税事業者としての拘束期間であるX02年1月1日～X02年12月31日課税期間中に調整対象固定資産を取得していますから、その仕入れ等の日の属する課税期間の初日（X02年1月1日）から3年を経過する日（X04年12月31日）の属する課税期間の初日（X04年1月1日）以後でなければ課税事業者選択不適用届出書又は簡易

課税制度選択届出書を提出することはできません。

結果として、X01年1月1日～X01年12月31日課税期間からX04年1月1日～X04年12月31日課税期間までは、課税事業者として拘束されるとともに簡易課税制度を選択することはできません。

なお、課税事業者選択不適用届出書の提出が無効となるということは、課税事業者選択届出書の効力が失効していないということです。再提出ができる時期になってから課税事業者選択不適用届出書を忘れずに提出しないと、半永久的に課税事業者のままとなるので注意しなければなりません。

3 新設法人の場合

(1) 内容

資本金の額又は出資の金額が1,000万円以上の新設法人や特定新規設立法人は、その基準期間がない事業年度（原則として設立1期目及び2期目）については強制的に課税事業者となります。

そして、これらの新設法人が、本来の課税事業者としての拘束期間である設立1期目又は2期目において調整対象固定資産を取得した場合には、原則として調整対象固定資産を取得した課税期間から第三年度の課税期間までは課税事業者としての拘束期間が強制的に延長されることになります。

【課税事業者期間の延長】（消法12の2②、12の3③）

その事業年度開始の日における資本金の額又は出資の金額が1,000万円以上である新設法人が、その基準期間がない事業年度に含まれる各課税期間（簡易課税制度の適用を受ける課税期間を除く。）中に調整対象固定資産の仕入れ等を行った場合には、調

> 整対象固定資産の仕入れ等の日の属する課税期間からその課税期間の初日以後3年を経過する日の属する課税期間までは、その納税義務は免除されない。
> （注） 特定新規設立法人についてはこれを準用する。

　また、この場合には、簡易課税制度選択届出書の提出が制限され、この結果、原則として調整対象固定資産を取得した課税期間から第三年度の課税期間までは簡易課税制度を適用することはできません。

【簡易課税制度選択届出書の提出制限】（法37③二）

> 　調整対象固定資産の仕入れ等の日の属する課税期間の初日から3年を経過する日の属する課税期間の初日以後でなければ簡易課税制度選択届出書を提出することができない。

（注1） 新設法人が、設立1期目又は2期目に調整対象固定資産を取得したとしても、その取得した課税期間において簡易課税制度を適用している場合には、課税事業者期間の延長規定は適用されません（消法12の2②カッコ書き）。

（注2） 課税事業者期間の延長規定及び簡易課税制度選択届出書の提出制限規定は、新設法人が設立1期目又は2期目に調整対象固定資産を取得した後、これを廃棄、売却等により処分したとしても継続して適用されることになります（消基通1－5－22、13－1－4の3）。

　　　なお、課税売上割合が著しく変動した場合の調整対象固定資産に関する仕入れに係る消費税額の調整規定（消法33①）は、取得した調整対象固定資産を第三年度の課税期間の末日まで保有していることが要件となっているため、第三年度の課税期間の末日に至るまでに、これを廃棄、売却等により処分した場合には適用されません。

（注3） 課税事業者期間の延長規定及び簡易課税制度選択届出書の提出制限規定は、新設法人の特例（消法12の2①）又は特定新規設立法人

の特例（消法12の３①）によらず、分割等の特例（消法12①）など、他の特例規定によって設立１期目又は２期目が課税事業者となる場合であっても、資本金の額又は出資の金額が1,000万円以上の新設法人あるいは特定新規設立法人に該当する新設法人である限り適用されます（消基通１－５－21、１－５－21の２）。

【事例】新設法人が調整対象固定資産を取得した場合

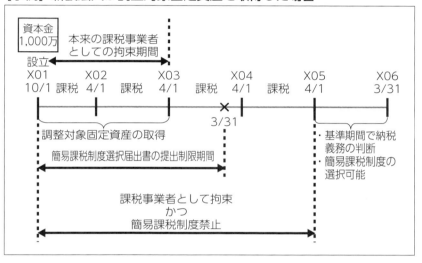

解説

繰り返しになりますが、税抜き100万円以上の車両は調整対象固定資産です。この車両を設立１期目又は２期目において１台でも取得すれば、上記の事例では設立１期目から４期目まで無条件で課税事業者として拘束されます。

① 設立１期目で取得した場合

調整対象固定資産の仕入れ等の日の属する課税期間の初日（X01年10月１日）から３年を経過する日（X04年９月30日）の属する課税期間である設立４期目まで課税事業者として拘束されます。

また、その３年を経過する日（X04年９月30日）の属する課税期

間の初日（X04年4月1日）以後でなければ簡易課税制度選択届出書を提出することはできません。

② 設立2期目で取得した場合

調整対象固定資産の仕入れ等の日の属する課税期間の初日（X02年4月1日）から3年を経過する日（X05年3月31日）の属する課税期間である設立4期目まで課税事業者として拘束されます。

また、その3年を経過する日（X05年3月31日）の属する課税期間の初日（X04年4月1日）以後でなければ簡易課税制度選択届出書を提出することはできません。

(2) 届出が無効とされる場合

資本金の額又は出資の金額が1,000万円以上の新設法人や特定新規設立法人の設立1期目又は2期目において調整対象固定資産の取得がなければ、当然に第三年度の課税期間まで課税事業者として拘束されることはありませんし、簡易課税制度選択届出書の提出制限もかかりません。

一方、簡易課税制度選択届出書を提出した後、同一課税期間中に調整対象固定資産を取得した場合には、いったん受理されたこの届出書が無効となる場合があるので注意する必要があります（消法37④）。

【事例】簡易課税制度選択届出書の提出が無効とされる場合

資本金1,000万円で設立された新設法人が設立3期目から簡易課税制度を適用するため、設立2期目において簡易課税制度選択届出書を提出した場合

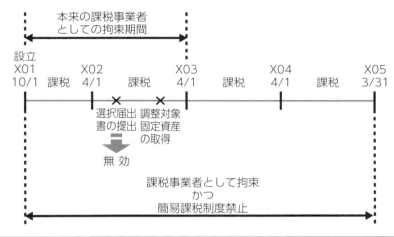

解説

　簡易課税制度選択届出書の提出に至るまで調整対象固定資産の取得がなければ届出書の提出自体はできます。ただし、届出書の提出と同一課税期間中に調整対象固定資産を取得した場合には、この届出書の提出は無効となります。

　また、設立2期目に調整対象固定資産を取得していますから、その仕入れ等の日の属する課税期間の初日（X02年4月1日）から3年を経過する日（X05年3月31日）の属する課税期間の初日（X04年4月1日）以後でなければ再び簡易課税制度選択届出書を提出することはできません。

　結果として、X01年10月1日〜X02年3月31日課税期間からX04年4月1日〜X05年3月31日課税期間までは、課税事業者として拘束さ

れるとともに簡易課税制度を選択することはできません。

　簡易課税制度選択届出書は、確定申告書の提出と同時に提出するケースも多いと思います。この事例でいえば、X02年5月31日までに設立1期目の確定申告書と併せて届出書を提出することになります。ただし、その後に税抜き100万円以上の車両を1台でも取得すれば、その届出は無効です。

　ここで、この車両の取得によって届出書の提出が無効となっていることに気が付けばまだよいのですが、気が付かなかった場合には最悪です。無効となっている簡易課税制度を適用してその後の確定申告を行ってしまうことにもなりかねません。新設法人の場合には、とにかくどこで固定資産を取得するのかを必ずチェックしておく必要があるのです。

(3) 事業開始課税期間からの簡易課税制度の選択

　簡易課税制度を設立1期目から適用する場合には、設立1期目の期末までに簡易課税制度選択届出書を提出する必要があります。

　この場合、たとえその設立1期目に調整対象固定資産を取得していたとしても簡易課税制度選択届出書を提出することができます（消法37③ただし書）。

　また、簡易課税制度選択届出書を提出した後、設立1期目の期末までに調整対象固定資産を取得したとしても、その届出書の提出は無効とはなりません。

　なお、その簡易課税制度を適用している課税期間において調整対象固定資産を取得したとしても、課税事業者期間の延長規定は適用されません（消法12の2②カッコ書き）。

【事例1】 設立1期目から簡易課税制度を選択する場合

資本金1,000万円で設立された新設法人が設立1期目から簡易課税制度を選択するため、設立1期目において簡易課税制度選択届出書を提出した場合

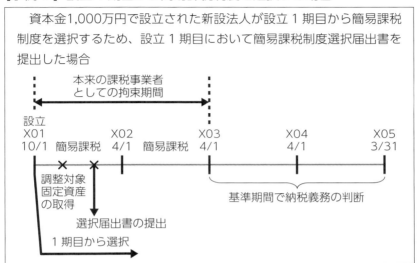

解説

設立1期目から簡易課税制度を選択する場合には、X02年3月31日までに適用開始日を設立日とする簡易課税制度選択届出書を提出する必要があります。

この場合、事例のケースのように、既に調整対象固定資産を取得していたとしても、設立1期目から簡易課税制度を選択するのであれば、簡易課税制度選択届出書を提出することができます。

なお、簡易課税制度を適用する課税期間中に調整対象固定資産を取得したとしても課税事業者期間の延長規定は適用されません。設立2期目は、新設法人の特例（消法12の2①）によって課税事業者として拘束されますが、設立3期目以降は、原則として、基準期間における課税売上高によって納税義務を判定することになります。

(注) 先行して簡易課税制度選択届出書を提出した後、設立1期目の期末までの間に調整対象固定資産を取得したとしても、設立1期目から簡

易課税制度を選択するのであれば、その届出書の提出は無効とはなりません。

上記【事例1】を見てもわかるように、簡易課税制度選択届出書の提出制限規定及び提出無効規定並びに課税事業者期間の延長規定は、調整対象固定資産を取得する課税期間において原則課税を採用する場合に適用されます。逆に調整対象固定資産を取得する課税期間において簡易課税制度を採用する場合には、これらの特例規定の適用はないのです。

資本金の額又は出資の金額が1,000万円以上の新設法人や特定新規設立法人が、調整対象固定資産を取得すると簡易課税制度がまったく適用できないわけではありません。法令の細かい取扱いとはなりますが、ここで確認しておきます。

なお、【事例1】と似たようなケースですが、【事例2】はこれらの特例規定が適用されるケースです。【事例1】との違いを確認してみてください。

【事例２】設立２期目から簡易課税制度を選択する場合

資本金1,000万円で設立された新設法人が設立２期目から簡易課税制度を選択するため、設立１期目において簡易課税制度選択届出書を提出した場合

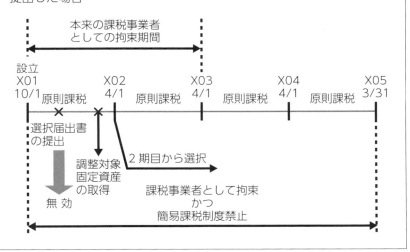

解説

設立２期目から簡易課税制度を選択する場合も設立１期目の期末までに簡易課税制度選択届出書を提出する必要があります。ここで、その適用開始課税期間が設立２期目となる場合には、事例のケースのように、その後の調整対象固定資産の取得によって、その届出書の提出は無効となります。

また、この場合には、原則課税が適用される設立１期目に調整対象固定資産を取得しますから、課税事業者期間の延長規定により、設立４期目まで課税事業者としての拘束期間も延長されます。

（注） 先に調整対象固定資産を取得している場合には、設立２期目から簡易課税制度を選択するための簡易課税制度選択届出書の提出はできません。

4 調整対象固定資産の意義

調整対象固定資産は、消費税法において次のように定められています。

【調整対象固定資産の意義】（消法2①十六、消令5）

> 棚卸資産以外の資産で、建物、構築物、機械及び装置、船舶、航空機、車両及び運搬具、工具、器具及び備品、鉱業権等の無形固定資産その他の資産のうち、その資産に係る税抜きの課税仕入れ等の金額が一取引単位につき100万円以上のものをいう。

（注1）「税抜きの課税仕入れ等の金額」は、その資産に係る課税仕入れに係る支払対価の額の100/108に相当する金額、その資産に係る特定課税仕入れに係る支払対価の額又は保税地域から引き取られるその資産の課税標準である金額です。

（注2）一の取引の判定単位
　　　　一の取引の判定単位については、例えば、機械及び装置にあっては1台又は1基、工具、器具及び備品にあっては1個、1組又は1そろい、構築物のうち例えば枕木、電柱等単体では機能を発揮できないものにあっては、社会通念上一の効果を有すると認められる単位ごとに判定します（消基通12－2－3）。

（注3）付随費用の取扱い
　　　　その資産が調整対象固定資産に該当するかどうかを判定する場合の金額には、その資産の購入のために要する引取運賃、荷役費等又はその資産を事業の用に供するために必要な費用等の付随費用は含まれません（消基通12－2－2）。

（注4）共有に係る調整対象固定資産
　　　　事業者が他の者と共同で購入した共有物が調整対象固定資産に該当するかどうかは、その事業者の共有物に係る持分割合に応じて判定します（消基通12－2－4）。

いわゆる固定資産が対象になりますから、販売用不動産などの棚卸資産については、たとえ建物であっても調整対象固定資産には該当しません。また、課税仕入れを前提としていることから、土地などの非課税資産についても調整対象固定資産には該当しません。
　なお、具体的な資産の範囲については、消費税法施行令第5条において次のように規定されています。

【調整対象固定資産の範囲】（消令5）

(1) 建物及びその附属設備（暖冷房設備、照明設備、通風設備、昇降機その他建物に附属する設備をいう。）
(2) 構築物（ドック、橋、岸壁、桟橋、軌道、貯水池、坑道、煙突その他土地に定着する土木設備又は工作物をいう。）
(3) 機械及び装置
(4) 船舶
(5) 航空機
(6) 車両及び運搬具
(7) 工具、器具及び備品（観賞用、興行用その他これらに準ずる用に供する生物を含む。）
(8) 次に掲げる無形固定資産
　① 鉱業権（租鉱権及び採石権その他土石を採掘し又は採取する権利を含む。）
　② 漁業権（入漁権を含む。）
　③ ダム使用権
　④ 水利権
　⑤ 特許権
　⑥ 実用新案権

⑦　意匠権
　　　⑧　商標権
　　　⑨　育成者権
　　　⑩　公共施設等運営権
　　　⑪　営業権
　　　⑫　専用側線利用権
　　　⑬　鉄道軌道連絡通行施設利用権
　　　⑭　電気ガス供給施設利用権
　　　⑮　水道施設利用権
　　　⑯　工業用水道施設利用権
　　　⑰　電気通信施設利用権
　(9)　ゴルフ場利用株式等
　(10)　次に掲げる生物（上記(7)に掲げるものに該当するものを除く。）
　　　①　牛、馬、豚、綿羊及びやぎ
　　　②　かんきつ樹、りんご樹、ぶどう樹、梨樹、桃樹、桜桃樹、びわ樹、くり樹、梅樹、柿樹、あんず樹、すもも樹、いちじく樹、キウイフルーツ樹、ブルーベリー樹及びパイナップル
　　　③　茶樹、オリーブ樹、つばき樹、桑樹、こりやなぎ、みつまた、こうぞ、もう宗竹、アスパラガス、ラミー、まおらん及びホップ
　(11)　上記に掲げる資産に準ずるもの

　ちなみに、所有権移転外ファイナンスリース資産については、消費税法上、あくまで資産の取得と捉えます。したがって、リース資産に係る税抜きのリース料総額が100万円以上である場合には、そのリー

ス資産は調整対象固定資産に該当します。

　一方、調整対象固定資産の範囲には、会計上、固定資産として取り扱わないような資産も含まれるので注意する必要があります。

【固定資産に準ずる資産】（消基通12－2－1）

> （1）　回路配置利用権
> （2）　預託金方式のゴルフ会員権
> （3）　課税資産を賃借するために支出する権利金等
> （4）　著作権等
> （5）　他の者からのソフトウエアの購入費用又は他の者に委託してソフトウエアを開発した場合におけるその開発費用
> （6）　書画・骨とう

（注）　資本的支出の取扱い（消基通12－2－5）

　　　資本的支出のうち、その税抜き課税仕入れの金額が100万円以上であるものは独立した一の調整対象固定資産に該当します。また、100万円以上であるかどうかは、一の修理、改良等に要した課税仕入れ（その一の修理、改良等が2以上の課税期間にわたって行われるときは、課税期間ごとに要した課税仕入れ）ごとに判定します。

　　　なお、土地の造成、改良のために要した課税仕入れのように、非課税資産に係る資本的支出については、この取扱いはなく、調整対象固定資産の範囲には含まれません。

II 高額特定資産を取得した場合の特例

1 概要

平成22年度改正では、自動販売機設置による還付スキームなどへの対抗策として、上記Ⅰで解説した「調整対象固定資産を取得した場合の特例」が創設されました。そもそも会計検査院からの指摘によって、この平成22年度改正が行われたわけですが、これとは別に特別目的会社（SPC）などを利用した節税スキームへの対応が、やはり会計検査院から指摘されていました。

これに対し、平成28年度改正では、そのような節税スキームの対抗策として、「高額特定資産を取得した場合の特例」が創設されました。

【参考】簡易課税制度を利用した節税スキーム

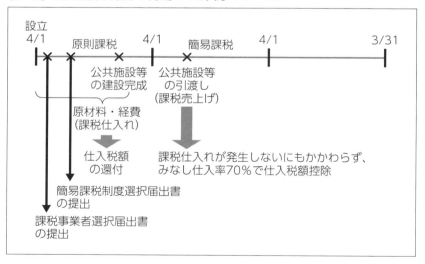

この高額特定資産を取得した場合の特例ですが、調整対象固定資産を取得した場合の特例とその適用された場合の効果は基本的に同じです。資産を取得した課税期間から一定期間、課税事業者として強制的

に拘束されます。また、この期間中は原則として簡易課税制度の適用が制限されます。

　ただし、調整対象固定資産を取得した場合の特例よりも、その適用対象となる範囲が広がりますから、この高額特定資産を取得した場合の特例は、調整対象固定資産を取得した場合の特例の補完規定として位置付けられます。

　まず、その特例が適用される対象となる資産ですが、税抜きの課税仕入れ等の金額が1,000万円以上という制限は付きますが、調整対象固定資産だけではなく、棚卸資産もその対象に含まれます。

　結局、上記の節税スキームでは、取得した資産が棚卸資産であるために、調整対象固定資産を取得した場合の特例が適用されないというところに問題があったわけです。しかし、高額特定資産を取得した場合の特例によって、上記のような節税スキームは封じ込められることになります。

　一方、調整対象固定資産を取得した場合の特例は、あくまでも課税選択をした事業者又は新設法人が、本来の課税事業者としての拘束期間中に調整対象固定資産を取得した場合というシチュエーションに限定して適用されます。しかし、高額特定資産を取得した場合の特例については、このようなシチュエーションの限定はありません。とにかく原則課税を適用する課税事業者が高額特定資産を取得しただけで適用があるのです。

　なお、高額特定資産を取得した場合の特例は、調整対象固定資産を取得した場合の特例の補完規定ですから、ケースによっては、いずれの特例の適用要件も満たす場合があります。この場合、法令上は、調整対象固定資産を取得した場合の特例が優先して適用されるよう交通整理がなされています。

高額特定資産を取得した場合の特例が適用される形態は、大きく分けて二つあります。

【特例が適用される形態】（消法12の4①）

(1) 原則課税を適用する課税事業者が高額特定資産の仕入れ等を行った場合
(2) 原則課税を適用する課税事業者が高額特定資産の自己建設等を行った場合

一つは、調整対象固定資産を取得した場合の特例と同様に高額特定資産の仕入れ等を行った場合です。

そしてもう一つの形態が非常に特徴的なのですが、他の者との契約に基づき又はその事業者の棚卸資産若しくは調整対象固定資産として自ら高額特定資産（「自己建設高額特定資産」といいます。）の建設、製作又は製造を行った場合となります。特にこの自己建設高額特定資産の建設等を行った場合については、課税事業者としての拘束期間と簡易課税制度の適用制限期間が長期に及ぶケースがあるので、その取扱いには十分注意する必要があります。

(注1) 「高額特定資産の取得に係る課税事業者である旨の届出書」の提出
　　　高額特定資産を取得した場合の特例の適用を受ける課税期間の基準期間における課税売上高が1,000万円以下となる課税事業者は、速やかに「高額特定資産の取得に係る課税事業者である旨の届出書」を提出しなければなりません（消法57①二の二）。

(注2) 適用時期
　　　この特例は、平成28年4月1日以後に高額特定資産の仕入れ等を行った場合（自己建設高額特定資産にあっては、自己建設高額特定資産の建設等が平成28年4月1日以後に完了した場合。以下同じ。）について適用されます（平成28年3月31日改正法附則32①）。
　　　なお、平成27年12月31日までに締結した契約に基づき平成28年4月1日以後に高額特定資産の仕入れ等を行った場合には、この特例

は適用されません(平成28年3月31日改正法附則32②)。

2 高額特定資産の仕入れ等の場合

(1) 内容

原則課税を適用する課税事業者が、高額特定資産を取得した場合には、その高額特定資産を取得した課税期間から第三年度の課税期間までは課税事業者として強制的に拘束されることになります。

【課税事業者の強制適用】(消法12の4①)

> 原則課税を適用する課税事業者が、高額特定資産の仕入れ等を行った場合には、その高額特定資産の仕入れ等の日の属する課税期間の翌課税期間からその高額特定資産の仕入れ等の日の属する課税期間の初日以後3年を経過する日の属する課税期間までは、その納税義務は免除されない。
>
> (注)「高額特定資産の仕入れ等を行った場合」とは、国内における高額特定資産の課税仕入れ又は高額特定資産に該当する課税貨物の保税地域からの引取りを行った場合をいう。

また、この場合には、簡易課税制度選択届出書の提出が制限され、この結果、高額特定資産を取得した課税期間から第三年度の課税期間までは簡易課税制度を適用することはできません。

【簡易課税制度選択届出書の提出制限】(消法37③三)

> 高額特定資産の仕入れ等の日の属する課税期間の初日から3年を経過する日の属する課税期間の初日以後でなければ簡易課税制度選択届出書を提出することができない。

(注1) 課税事業者の強制適用規定は、あくまでも課税事業者が原則課税を適用する課税期間において高額特定資産を取得した場合に限って適用があります。したがって、免税事業者や簡易課税制度を適用している課税期間において高額特定資産を取得したとしても、この規定は適用されません。

(注2) 課税事業者の強制適用規定及び簡易課税制度選択届出書の提出制限規定は、高額特定資産を取得した後、これを廃棄、売却等により処分したとしても継続して適用されることになります（消基通1－5－22の2、13－1－4の3）。

【事例】課税事業者としての拘束及び簡易課税制度の適用制限

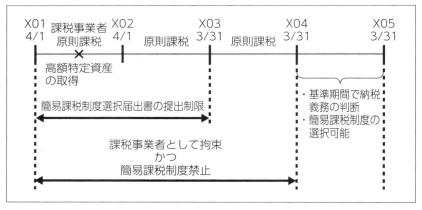

解説

高額特定資産の仕入れ等の日の属する課税期間の初日（X01年4月1日）から3年を経過する日（X04年3月31日）の属する課税期間であるX03年4月1日～X04年3月31日課税期間まで課税事業者として拘束されます。

また、その3年を経過する日（X04年3月31日）の属する課税期間の初日（X03年4月1日）以後でなければ簡易課税制度選択届出書を提出することはできません。

結果として、X01年4月1日～X02年3月31日課税期間からX03年

4月1日～X04年3月31日課税期間までは、課税事業者として拘束されるとともに簡易課税制度を選択することはできません。

(2) 届出が無効とされる場合

　課税事業者が高額特定資産の取得前に簡易課税制度選択届出書を提出したとしても、その高額特定資産の取得が同一課税期間中である場合には、いったん受理されたこの届出書は無効となります（消法37④）。

（注）　事業開始課税期間からの簡易課税制度の選択

　　　設立1期目に高額特定資産を取得していたとしても、設立1期目から簡易課税制度を適用する場合には、その設立1期目において簡易課税制度選択届出書を提出することができます（消法37③ただし書き）。

　　　また、簡易課税制度を設立1期目から適用するため簡易課税制度選択届出書を提出した後、設立1期目の期末までの間に高額特定資産を取得したとしても、その届出書の提出は無効とはなりません。

【事例】簡易課税制度選択届出書の提出が無効とされる場合

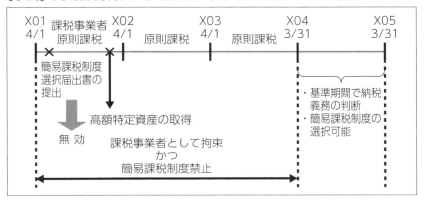

解説

　簡易課税制度選択届出書の提出に至るまで高額特定資産の取得がなければ届出書の提出自体はできます。ただし、届出書の提出と同一課税期間中に高額特定資産を取得した場合には、この届出書の提出は無

効となります。

　この場合、高額特定資産の仕入れ等の日の属する課税期間の初日（X01年4月1日）から3年を経過する日（X04年3月31日）の属する課税期間の初日（X03年4月1日）以後でなければ再び簡易課税制度選択届出書を提出することはできません。

　結果として、X01年4月1日〜X02年3月31日課税期間からX03年4月1日〜X04年3月31日課税期間までは、課税事業者として拘束されるとともに簡易課税制度を選択することはできません。

(3) 簡易課税制度の適用事業者が設備投資を行う場合

　高額特定資産を取得した場合の特例の創設により、簡易課税制度を従来から適用している事業者が、多額の設備投資を行い、仕入控除税額の還付を受ける場合には注意が必要となります。

　従来、「設備投資が行われる課税期間の直前の課税期間の末日までに簡易課税制度選択不適用届出書を提出し、原則課税に戻した上で還付を受ける。さらに、その原則課税に戻した課税期間の末日までに簡易課税制度選択届出書を再提出し、翌課税期間から再び簡易課税制度を適用する。」という手続が一般的に取られてきました。

　しかし、その設備投資の内容が高額特定資産の取得であれば、この一連の手続は取れなくなります。簡易課税制度選択不適用届出書を提出して、いったん原則課税に戻すわけですから、その高額特定資産の取得により自動的にこの特例が適用されることになります。この結果、設備投資を行った課税期間を含めて3年間は原則課税を適用し、その後の課税期間でなければ簡易課税制度を再び適用することはできないのです。

　なお、3年間、原則課税を適用したとしても、基本的には仕入控除税額の還付を受けた方が有利となるものと思われますが、その原則課

税が適用される3年間については、念のため納税額等のシミュレーションを行っておいた方が無難ではないでしょうか。

【事例１】簡易課税適用者が設備投資により還付を受ける場合

```
X01      X02      X03      X04      X05      X06      X07
4/1      4/1      4/1      4/1      4/1      4/1      3/31
 |        |   ×    |        |        |        |        |
 |        | 設備投資|        |        |        |        |
 |        |(高額特定資産)    |        |        |        |
 | 簡易課税制度    ↓        | 簡易課税制度    |        |
 | 選択不適用届   消費税の還付 | 選択届出書を    |        |
 | 出書を提出              | 提出           |        |
 |        |        |        |        |        |        |
 |←簡易課税→|←    原則課税    →|←  簡易課税（強制適用） →|
```

解説

　X02年4月1日～X03年3月31日課税期間において設備投資による仕入控除税額の還付を受けるため、X01年4月1日～X02年3月31日課税期間中に簡易課税制度選択不適用届出書を提出します。そして、X02年4月1日～X03年3月31日課税期間において原則課税を適用し、確定申告により仕入控除税額の還付を受けます。

　なお、原則課税を適用する課税事業者が高額特定資産を取得するため、X04年4月1日以後でなければ簡易課税制度選択届出書を提出することはできません。最短でX04年4月1日～X05年3月31日課税期間中に簡易課税制度選択届出書を提出した場合、X05年4月1日～X06年3月31日課税期間より再び簡易課税制度を適用することができます。この場合、新たに簡易課税制度を選択することになりますから、X05年4月1日～X06年3月31日課税期間からX06年4月1日～X07年3月31日課税期間までは簡易課税制度が強制適用となります。

（注）　調整対象固定資産を取得した場合の特例との関係
　　　例えば、設備投資の内容が税抜き1,000万円未満の調整対象固定資産の取得だったとします。この場合、この資産は高額特定資産に該当しませんから、簡易課税制度選択届出書をＸ02年４月１日〜Ｘ03年３月31日課税期間中に提出し、Ｘ03年４月１日〜Ｘ04年３月31日課税期間より再び簡易課税制度を適用することは可能です。
　　　ちなみに、調整対象固定資産を取得した場合の特例の適用もありません。繰り返しになりますが、調整対象固定資産を取得した場合の特例は、適用されるシチュエーションが限定されています。適用されるのは、課税選択を行った事業者と新設法人だけです。上記の事例は、いずれの場合でもありませんから、すぐにでも簡易課税制度を適用すればよいのです。

　一方、簡易課税制度選択届出書を提出している事業者であっても、その基準期間における課税売上高が5,000万円を超える場合には、その課税期間において簡易課税制度を適用できません。その課税期間は自動的に原則課税を適用することになります。
　ここで、その自動的に原則課税を適用することとなる課税期間において、たまたま設備投資（高額特定資産の取得）が発生し、仕入控除税額の還付を受けた場合、その翌課税期間においては、やはり簡易課税制度を適用することはできないのでしょうか？
　これについては、その翌課税期間の基準期間における課税売上高が5,000万円以下であれば、その翌課税期間において簡易課税制度を適用することになります。
　簡易課税制度選択届出書の提出制限規定（消法37③三）は、あくまでも課税事業者が高額特定資産を取得した場合に簡易課税制度選択届出書の提出を制限するだけであって、簡易課税制度の適用を直接禁止しているわけではありません。簡易課税制度選択届出書自体は既に提出済ですから、この特例の影響は受けないことになります。

また、消費税法第37条第4項に規定する簡易課税制度選択届出書の提出無効規定についても適用はありません。この特例は、あくまでも簡易課税制度選択届出書の提出と高額特定資産の取得が同一課税期間である場合に限って適用があります。高額特定資産の取得があった課税期間よりも前に提出があった届出書について、その提出が無効となることはありません。

【事例2】基準期間の課税売上高が5,000万円超となる場合

```
            4,900万円  5,200万円  4,800万円  5,100万円
X01       X02       X03       X04       X05       X06       X07
4/1       4/1       4/1       4/1       4/1       4/1       3/31
          ×                             ×
          簡易課税制度                    設備投資
          選択届出書                     (高額特定資産)
                                        ↓
                                        消費税の還付

  原則課税  簡易課税  簡易課税  原則課税  簡易課税  原則課税
```

解説

　X04年4月1日～X05年3月31日課税期間は、その基準期間における課税売上高が5,000万円超ですから簡易課税制度を適用できません。したがって、事前に簡易課税制度選択不適用届出書を提出しなくても原則課税となりますから、設備投資による仕入控除税額の還付を受けることができます。

　なお、その設備投資の内容が高額特定資産の取得となりますが、このケースでは既にX01年4月1日～X02年3月31日課税期間中に簡易課税制度選択届出書は提出済です。また、簡易課税制度選択届出書の提出と高額特定資産の取得が同一課税期間ではありませんので、既に

行われた簡易課税制度選択届出書の提出は当然に無効とはなりません。

したがって、X05年4月1日～X06年3月31日課税期間においては、その基準期間における課税売上高が5,000万円以下ですから簡易課税制度を適用することになります。

3 高額特定資産の自己建設等の場合

(1) 内容

原則課税を適用する課税事業者が、高額特定資産を自ら建設等する場合には、その建設等に要した費用の累計額が税抜き1,000万円以上となった課税期間からその建設等が完了した課税期間以後3年目の課税期間まで課税事業者として強制的に拘束されることになります。

【課税事業者の強制適用】（消法12の4①カッコ書き、消令25の5）

> 原則課税を適用する課税事業者が、自己建設高額特定資産の仕入れを行った場合には、その自己建設高額特定資産の仕入れを行った場合に該当することとなった日の属する課税期間の翌課税期間からその自己建設高額特定資産の建設等が完了した日の属する課税期間の初日以後3年を経過する日の属する課税期間までは、その納税義務は免除されない。
>
> (注)　「自己建設高額特定資産の仕入れを行った場合」とは、自己建設高額特定資産の建設等に要した税抜きの課税仕入れ等の金額（建設等のために要した原材料費及び経費に係るものに限り、免税事業者であった課税期間又は簡易課税制度の適用を受けていた課税期間中のものを除く。）の累計額が1,000万円以上となった場合をいう。

また、この場合には、簡易課税制度選択届出書の提出が制限され、この結果、高額特定資産の建設等に要した費用の累計額が税抜き1,000万円以上となった課税期間からその建設等が完了した課税期間以後3年目の課税期間までは簡易課税制度を適用することはできません。

【簡易課税制度選択届出書の提出制限】（消法37③三カッコ書き）

> 　自己建設高額特定資産の仕入れを行った場合に該当することとなった日の属する課税期間の初日からその自己建設高額特定資産の建設等が完了した日の属する課税期間の初日以後3年を経過する日の属する課税期間の初日以後でなければ簡易課税制度選択届出書を提出することができない。

（注1）　課税事業者の強制適用規定は、あくまでもその自己建設高額特定資産の建設等に要した税抜きの課税仕入れ等の金額（建設等のために要した原材料費及び経費に係るものに限り、免税事業者であった課税期間又は簡易課税制度の適用を受けていた課税期間中のものを除きます。）の累計額が1,000万円以上となった場合に適用があります。
　　　　　したがって、その累計額が1,000万円未満となる場合やその建設等に要した税抜きの課税仕入れ等の金額の総額が1,000万円以上であっても、免税事業者であった課税期間又は簡易課税制度の適用を受けていた課税期間中のものを除いた金額が1,000万円未満となる場合には、この規定は適用されません。
（注2）　課税事業者の強制適用規定及び簡易課税制度選択届出書の提出制限規定は、自己建設高額特定資産の仕入れを行った場合に該当した後、これを廃棄、売却等により処分したとしても継続して適用されることになります（消基通1－5－22の2、13－1－4の3）。

【事例】課税事業者としての拘束及び簡易課税制度の適用制限

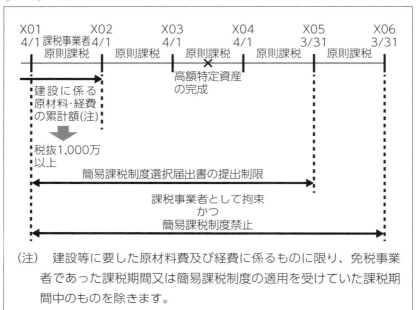

(注) 建設等に要した原材料費及び経費に係るものに限り、免税事業者であった課税期間又は簡易課税制度の適用を受けていた課税期間中のものを除きます。

解説

自己建設高額特定資産の建設等に要した税抜きの課税仕入れ等の金額の累計額が1,000万円以上となった日の属する課税期間の初日（X01年4月1日）からその建設等が完了した日の属する課税期間の初日（X03年4月1日）以後3年を経過する日（X06年3月31日）の属する課税期間まで課税事業者として拘束されます。

また、その3年を経過する日（X06年3月31日）の属する課税期間の初日（X05年4月1日）以後でなければ簡易課税制度選択届出書を提出することはできません。

結果として、X01年4月1日～X02年3月31日課税期間からX05年4月1日～X06年3月31日課税期間までは、課税事業者として拘束されるとともに簡易課税制度を選択することはできません。

(2) 届出が無効とされる場合

　課税事業者が自己建設高額特定資産の建設等に要した税抜きの課税仕入れ等の金額の累計額が1,000万円以上となる前に簡易課税制度選択届出書を提出したとしても、その同一課税期間中にその累計額が1,000万円以上となった場合には、いったん受理されたこの届出書は無効となります（消法37④）。

(注)　事業開始課税期間からの簡易課税制度の選択

　　設立１期目に自己建設高額特定資産の建設等に要した税抜きの課税仕入れ等の金額の累計額が1,000万円以上となったとしても、設立１期目から簡易課税制度を適用する場合には、その設立１期目において簡易課税制度選択届出書を提出することができます（消法37③ただし書き）。

　　また、簡易課税制度を設立１期目から適用するため簡易課税制度選択届出書を提出した後、設立１期目の期末までにその累計額が1,000万円以上となったとしても、その届出書の提出は無効とはなりません。

【事例】簡易課税制度選択届出書の提出が無効とされる場合

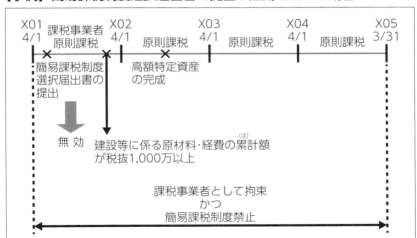

> **解説**

簡易課税制度選択届出書の提出に至るまで自己建設高額特定資産の建設等に要した税抜きの課税仕入れ等の金額の累計額が1,000万円以上とならなければ届出書の提出自体はできます。ただし、届出書の提出と同一課税期間中にその累計額が1,000万円以上となった場合には、この届出書の提出は無効となります。

この場合、その自己建設高額特定資産の建設等が完了した日の属する課税期間の初日（X02年4月1日）以後3年を経過する日（X05年3月31日）の属する課税期間の初日（X04年4月1日）以後でなければ再び簡易課税制度選択届出書を提出することはできません。

結果として、X01年4月1日～X02年3月31日課税期間からX04年4月1日～X05年3月31日課税期間までは、課税事業者として拘束されるとともに簡易課税制度を選択することはできません。

4 高額特定資産の意義

高額特定資産は、消費税法において次のように定められています。

【高額特定資産の意義】（消法12の4①、消令25の5①）

> 次に掲げる棚卸資産及び調整対象固定資産の区分に応じそれぞれに定める金額が1,000万円以上のものをいう。
> (1) 自己建設資産以外の資産
>   一取引単位に係る税抜きの課税仕入れ等の金額
> (2) 自己建設資産
>   建設等に要した税抜きの課税仕入れ等の金額（建設等のために要した原材料費及び経費に係るものに限り、免税事業者であった課税期間又は簡易課税制度の適用を受けていた課税期間

> 中のものを除く。）の合計額

（注1） 「税抜きの課税仕入れ等の金額」は、その資産に係る課税仕入れに係る支払対価の額の100/108に相当する金額、その資産に係る特定課税仕入れに係る支払対価の額又は保税地域から引き取られるその資産の課税標準である金額です。
（注2） 「自己建設資産」とは、棚卸資産及び調整対象固定資産のうち、他の者との契約に基づき又は自己の棚卸資産若しくは調整対象固定資産として自ら建設等をしたものをいいます。
（注3） 付随費用の取扱い
　　　　その資産が高額特定資産に該当するかどうかを判定する場合の金額には、その資産の購入のために要する引取運賃、荷役費等又はその資産を事業の用に供するために必要な費用等の付随費用は含まれません（消基通1－5－24）。
（注4） 共有に係る高額特定資産
　　　　事業者が他の者と共同で購入した共有物が高額特定資産に該当するかどうかは、その事業者の共有物に係る持分割合に応じて判定します（消基通1－5－25）。
（注5） 自己建設資産が調整対象固定資産である場合の判定
　　　　自己建設資産が調整対象固定資産である場合には、消令第5条《調整対象固定資産の範囲》（上記Ⅰ－4参照）に掲げる資産について、その資産ごとに、その建設等に要した税抜きの課税仕入れ等の金額の合計額を基礎として判定します（消基通1－5－26）。
（注6） 自己建設資産が棚卸資産である場合の判定
　　　　消令第5条《調整対象固定資産の範囲》（上記Ⅰ－4参照）に掲げる資産であっても、棚卸資産の原材料として仕入れるものは、調整対象固定資産に該当しません。その原材料を自ら建設等する棚卸資産の原材料として使用した場合には、その原材料の税抜きの課税仕入れ等の金額についても、その棚卸資産の建設等に要した税抜きの課税仕入れ等の金額の合計額に含まれます（消基通1－5－27）。

(注7) 保有する棚卸資産を自己建設資産の原材料として使用した場合
　　　　自己が保有する建設資材等の棚卸資産を自己建設資産の原材料として使用した場合には、その棚卸資産の税抜きの課税仕入れ等の金額は、その自己建設資産の建設等に要した税抜きの課税仕入れ等の金額に含まれます（消基通1－5－28）。

【事例】自己建設資産の判定

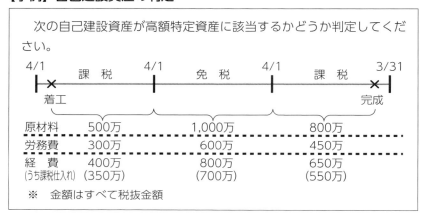

解説

（500万＋350万）＋（800万＋550万）＝2,200万≧1,000万

∴　高額特定資産

　その建設等に要した費用のうち、労務費は基本的に課税仕入れに該当しないものがほとんどですから、判定の基礎となる金額には含まれません。

　また、免税事業者であった課税期間中や簡易課税制度を適用していた課税期間中の原材料費や経費に係る課税仕入れ等については、仕入税額控除の対象となっていない、あるいは実額で仕入税額控除を行っていないことから、やはり判定の基礎となる金額には含まれません。

第8章

特定非常災害が発生した場合の特例

I 概要

平成29年度の税制改正によって、これまで災害ごとに特別立法で措置してきた災害に対応するための税制上の規定が各税法に常設化されました。このうち消費税では、「特定非常災害の被害者の権利利益の保全等を図るための特別措置に関する法律（以下「特定非常災害特別措置法」といいます。）」の規定により特定非常災害として指定された非常災害（以下「特定非常災害」といいます。）の被災事業者について、次の特例が創設されました。

> (1) 被災事業者が課税事業者選択（不適用）届出書を提出する場合等の特例
> (2) 被災事業者が簡易課税制度選択（不適用）届出書を提出する場合等の特例
> (3) 次の場合における事業者免税点制度及び簡易課税制度の適用制限の解除
> 　① 被災事業者である新設法人等が調整対象固定資産の仕入れ等を行った場合
> 　② 被災事業者が高額特定資産の仕入れ等を行った場合

［参考］特定非常災害特別措置法の概要

特定非常災害特別措置法では、著しく異常かつ激甚な非常災害[注]であって、その非常災害の被害者の行政上の権利利益の保全等を図るなどの措置を講ずることが特に必要と認められるものが発生した場合に、その非常災害を特定非常災害として政令で指定することとし、その政令にはその特定非常災害が発生した日を特定非常災害発生日として定めることとしています。

また、その政令において、次に掲げる措置のうち、その特定非常災害に対して適用すべき措置を指定することとしています。
(イ)　行政上の権利利益に係る満了日の延長
(ロ)　期限内に履行されなかった義務に係る免責
(ハ)　債務超過を理由とする法人の破産手続開始の決定の特例
(ニ)　相続の承認又は放棄をすべき期間に関する民法の特例措置
(ホ)　民事調停法による調停の申立ての手数料の特例措置
(ヘ)　建築基準法による応急仮設住宅の存続期間の特例措置
(ト)　景観法による応急仮設住宅の存続期間の特例措置

　なお、満了日の延長を行う権利利益等の具体的な内容については、各省庁が告示により指定することとされています。
　ちなみに、平成8年の阪神・淡路大震災、平成16年の新潟県中越地震、平成23年の東北地方太平洋沖地震及び平成28年の熊本地震が、この法律の適用を受けています。

(注)　「著しく異常かつ激甚な非常災害」は、次の事項等の諸要因を総合的に勘案して判断することとされています。
　　イ　死者・行方不明者、負傷者、避難者等の多数発生
　　ロ　住宅の倒壊等の多数発生
　　ハ　交通やライフラインの広範囲にわたる途絶
　　ニ　地域全体の日常業務や業務環境の破壊

Ⅱ　各種特例制度

1　課税事業者選択（不適用）届出書を提出する場合等の特例

(1) 課税事業者選択届出書の事後提出の特例（措法86の5①）

　被災事業者(注1)で被災日(注2)の属する課税期間以後の課税期間につき課税事業者を選択しようとする者が、課税事業者選択届出書を指定

日^(注3)までに提出したときは、その届出書を課税事業者の選択をしようとする課税期間の初日の前日（その課税期間が事業を開始した日の属する課税期間その他一定の課税期間であって、かつ、その届出書がその課税期間の末日の翌日以降に提出された場合には、その課税期間の末日）に提出したものとみなされます。

(注1)　「被災事業者」とは、特定非常災害の被災者である事業者をいいます。なお、特定非常災害に係る国税通則法第11条《災害等による期限の延長》の規定により申告期限等が延長されることとなる地域（以下「指定地域」といいます。）に納税地を有する事業者のほか、指定地域以外の地域に納税地を有する事業者のうち、指定地域内に所在する支店等が特定非常災害により被災した事業者も含まれます（消基通19－1－1）。

(注2)　「被災日」とは、その事業者が特定非常災害により被災事業者となった日をいいます。

(注3)　「指定日」とは、国税庁長官が特定非常災害の状況及び特定非常災害に係る国税通則法第11条の規定による申告に関する期限の延長の状況を勘案して別に定める日をいいます。

(2) 課税事業者選択不適用届出書の提出制限規定の不適用（措法86の5②）

　課税事業者選択届出書を提出した事業者が被災事業者となった場合又は被災事業者が指定日までにその届出書を提出した場合におけるこれらの事業者の被災日の属する課税期間以後の課税期間（その届出書の提出により課税事業者となる課税期間に限ります。）については、課税事業者選択不適用届出書の提出制限規定（消法9⑥）及び調整対象固定資産の取得による課税事業者選択不適用届出書の提出制限規定（消法9⑦）は適用されません。

(3) 課税事業者選択不適用届出書の事後提出の特例（措法86の5③）

　被災事業者で被災日の属する課税期間以後の課税期間につき課税事

業者の選択をやめようする者が、課税事業者選択不適用届出書を指定日までに提出したときは、その届出書を課税事業者の選択をやめようとする課税期間の初日の前日に提出したものとみなされます。

(4) 届出書の記載事項

上記（1）又は（3）の災害特例を適用する場合の課税事業者選択届出書又は課税事業者選択不適用届出書には、「特定非常災害の被災事業者である」旨を記載することとされています（消基通19－1－5）。

【事例1】 被災事業者が課税事業者を選択する場合

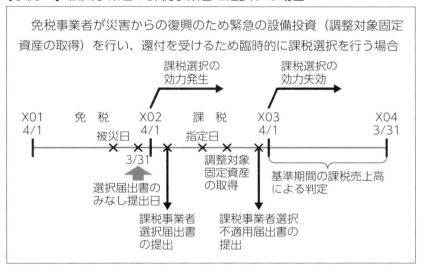

解説

災害特例（措法86の5①）により、指定日までに課税事業者選択届出書を提出することによって、X02年3月31日においてその提出があったものとみなされます。

この結果、X02年4月1日〜X03年3月31日課税期間において課税事業者を選択し、この課税期間に係る確定申告によって設備投資（調整対象固定資産の取得）による仕入控除税額の還付を受けることがで

きます。

一方、課税事業者選択不適用届出書については、調整対象固定資産の取得による課税事業者選択不適用届出書の提出制限規定（消法9⑦）により、本来であれば、調整対象固定資産を取得した課税期間の初日（X02年4月1日）から3年を経過する日（X05年3月31日）の属する課税期間の初日（X04年4月1日）以後でなければ提出することができません。

しかし、災害特例（措法86の5②）により、この課税事業者選択不適用届出書の提出制限規定は適用されません。

X03年3月31日までに課税事業者選択不適用届出書を提出することによって、X03年4月1日～X04年3月31日課税期間以後、当初の課税事業者選択届出書の効力は失効します。この結果、X03年4月1日～X04年3月31日課税期間については、原則として基準期間における課税売上高によって納税義務を判定することになります。

【事例2】被災事業者が課税事業者の選択をやめる場合

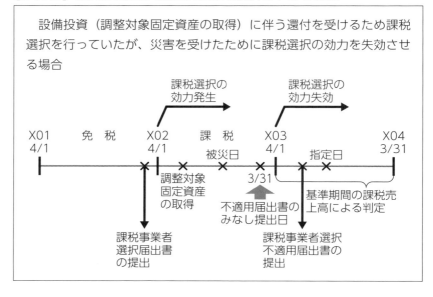

解説

　X01年4月1日～X02年3月31日課税期間中に課税事業者選択届出書を提出し、X02年4月1日以後の課税事業者の選択によって、設備投資（調整対象固定資産の取得）に伴う仕入控除税額の還付を受けます。

　一方、課税事業者選択不適用届出書については、調整対象固定資産の取得による課税事業者選択不適用届出書の提出制限規定（消法9⑦）により、本来であればX04年4月1日以後でなければ提出することができません。

　しかし、災害特例（措法86の5②）により、この課税事業者選択不適用届出書の提出制限規定は適用されません。

　ここで、災害特例（措法86の5③）により、指定日までに課税事業者選択不適用届出書を提出することによって、X03年3月31日においてその提出があったものとみなされます。この結果、X03年4月1日～X04年3月31日課税期間以後、当初の課税事業者選択届出書の効力は失効し、X03年4月1日～X04年3月31日課税期間については、原則として基準期間における課税売上高によって納税義務を判定することになります。

2 簡易課税制度選択（不適用）届出書を提出する場合等の特例

(1) 簡易課税制度選択届出書の事後提出の特例（措法86の5⑧）

　被災事業者で被災日の属する課税期間以後の課税期間につき簡易課税制度の適用を受けようとする者が、簡易課税制度選択届出書を指定日までに提出したときは、その届出書を簡易課税制度の適用を受けようとする課税期間の初日の前日（その課税期間が事業を開始した日の属する課税期間その他一定の課税期間であって、かつ、その届出書が

その課税期間の末日の翌日以降に提出された場合には、その課税期間の末日）に提出したものとみなされます。

(2) 簡易課税制度選択不適用届出書の提出制限規定の不適用（措法86の5⑨）

簡易課税制度選択届出書を提出した事業者が被災事業者となった場合又は被災事業者が指定日までにその届出書を提出した場合におけるこれらの事業者の被災日の属する課税期間以後の課税期間（その届出書の提出により簡易課税制度の適用を受ける課税期間に限ります。）については、簡易課税制度選択不適用届出書の提出制限規定（消法37⑥）は適用されません。

(3) 簡易課税制度選択不適用届出書の事後提出の特例（措法86の5⑩）

被災事業者で被災日の属する課税期間以後の課税期間につき簡易課税制度の適用をやめようする者が、簡易課税制度選択不適用届出書を指定日までに提出したときは、その届出書を簡易課税制度の適用をやめようとする課税期間の初日の前日に提出したものとみなされます。

(4) 仮決算による中間申告書の記載事項の特例（措法86の5⑪、措令46の3）

上記（1）又は（3）の災害特例による簡易課税制度選択届出書又は簡易課税制度選択不適用届出書を提出した被災事業者が、その提出前に仮決算による中間申告書を提出している場合には、その申告書に係る控除税額については、これらの届出書の提出がなかったものとして計算した控除税額となります。

(5) 届出書の記載事項

上記（1）又は（3）の災害特例を適用する場合の簡易課税制度選択届出書又は簡易課税制度選択不適用届出書には、「特定非常災害の被

災事業者である」旨を記載することとされています（消基通19－1－5）。

【事例１】被災事業者が簡易課税制度の選択をやめる場合

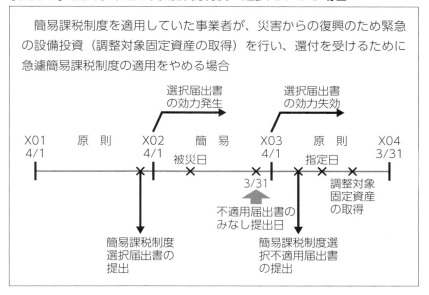

解説

簡易課税制度選択届出書を提出した事業者は、簡易課税制度選択不適用届出書の提出制限規定（消法37⑥）により、本来であれば、簡易課税制度を２年間継続適用した後の課税期間でなければ原則課税に戻すことはできません。

しかし、災害特例（措法86の5⑨）により、この簡易課税制度選択不適用届出書の提出制限規定は適用されません。したがって、簡易課税制度を２年間継続適用した後でなくても原則課税に戻すことができます。

ここで、災害特例（措法86の5⑩）により、指定日までに簡易課税制度選択不適用届出書を提出することによって、X03年３月31日にお

いてその提出があったものとみなされます。

この結果、X03年4月1日～X04年3月31日課税期間において原則課税を適用し、この課税期間に係る確定申告によって設備投資による仕入控除税額の還付を受けることができます。

【事例2】 被災事業者が簡易課税制度を選択する場合

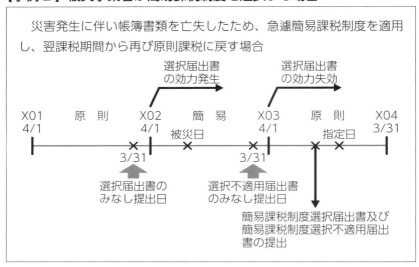

解説

災害特例（措法86の5⑧）により、指定日までに簡易課税制度選択届出書を提出することによって、X02年3月31日においてその提出があったものとみなされます。

この結果、X02年4月1日～X03年3月31日課税期間において簡易課税制度を適用することができます。

一方、簡易課税制度選択届出書を提出した事業者は、簡易課税制度選択不適用届出書の提出制限規定（消法37⑥）により、本来であれば、簡易課税制度を2年間継続適用した後の課税期間でなければ原則課税に戻すことはできません。

しかし、災害特例（措法86の5⑨）により、この簡易課税制度選択不適用届出書の提出制限規定は適用されません。したがって、簡易課税制度を2年間継続適用した後でなくても原則課税に戻すことができます。

　ここで、災害特例（措法86の5⑩）により、指定日までに簡易課税制度選択不適用届出書を提出することによって、X03年3月31日においてその提出があったものとみなされます。

　この結果、X03年4月1日～X04年3月31日課税期間において原則課税を適用することができます。

3　事業者免税点制度及び簡易課税制度の適用制限の解除

(1) 調整対象固定資産の取得による課税事業者期間の延長規定の不適用（措法86の5④）

　資本金の額又は出資の金額が1,000万円以上の新設法人や特定新規設立法人が被災事業者となった場合におけるその被災事業者に係る被災日の属する課税期間以後の課税期間については、調整対象固定資産の取得による課税事業者期間の延長規定（消法12の2②、12の3③）は適用されません。

（注）　指定地域内に所在する支店等が被災した場合
　　　その新設法人又は特定新規設立法人が、特定非常災害に係る国税通則法第11条の規定の適用を受けた者でない場合にあっては、この災害特例の適用を受けようとする旨を記載した届出書をその基準期間がない事業年度のうち最後の事業年度終了の日と指定日とのいずれか遅い日までに納税地の所轄税務署長に提出した場合に限り適用があります。

(2) 高額特定資産の取得による課税事業者の強制適用規定の不適用（措法86の5⑤）

　被災事業者が、被災日前に高額特定資産の仕入れ等を行った場合又

は被災日から指定日以後２年を経過する日の属する課税期間の末日までの間に高額特定資産の仕入れ等を行った場合におけるその被災事業者の被災日の属する課税期間以後の課税期間（高額特定資産の仕入れ等を行ったことにより課税事業者となる課税期間に限ります。）については、高額特定資産の取得による課税事業者の強制適用規定（消法12の４①）は適用されません。

（注）　指定地域内に所在する支店等が被災した場合

　　　その被災事業者が、特定非常災害に係る国税通則法第11条の規定の適用を受けた者でない場合にあっては、この災害特例の適用を受けようとする旨を記載した届出書を高額特定資産の仕入れ等の日の属する課税期間の末日と指定日とのいずれか遅い日までに納税地の所轄税務署長に提出した場合に限り適用があります。

(3) 調整対象固定資産の取得による簡易課税制度選択届出書の提出制限規定の不適用（措法86の５⑥）

資本金の額又は出資の金額が1,000万円以上の新設法人や特定新規設立法人が被災事業者となった場合におけるその被災事業者の被災日の属する課税期間以後の課税期間については、調整対象固定資産の取得による簡易課税制度選択届出書の提出制限規定（消法37③二）は適用されません。

(4) 高額特定資産の取得による簡易課税制度選択届出書の提出制限規定の不適用（措法86の５⑦）

被災事業者が、被災日前に高額特定資産の仕入れ等を行った場合又は被災日から指定日以後２年を経過する日の属する課税期間の末日までの間に高額特定資産の仕入れ等を行った場合におけるその被災事業者の被災日の属する課税期間以後の課税期間（高額特定資産の仕入れ等を行ったことにより簡易課税制度を適用できない課税期間に限ります。）については、高額特定資産の取得による簡易課税制度選択届出

書の提出制限規定（消法37③三）は適用されません。

【事例１】 新設法人が調整対象固定資産を取得した後に被災事業者となった場合

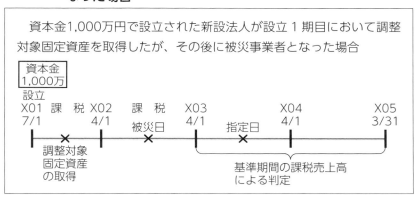

資本金1,000万円で設立された新設法人が設立１期目において調整対象固定資産を取得したが、その後に被災事業者となった場合

解説

資本金1,000万円以上の新設法人がその基準期間がない設立１期目に調整対象固定資産を取得していることから、調整対象固定資産の取得による課税事業者期間の延長規定（消法12の２②）により、本来であれば、調整対象固定資産を取得した課税期間からその課税期間の初日（X01年７月１日）以後３年を経過する日（X04年６月30日）の属する課税期間（X04年４月１日～X05年３月31日）までは、課税事業者として拘束されます。

しかし、災害特例（措法86の５④）により、資本金1,000万円以上の新設法人が被災事業者となった場合には、この課税事業者期間の延長規定は適用されません。

したがって、X03年４月１日～X04年３月31日課税期間以後は、原則として基準期間における課税売上高によって納税義務を判定することになります。

なお、設立１期目及び２期目については、新設法人の特例（消法12

の2①）により、課税事業者として拘束されます。

（注）　この場合には、特段の手続は不要です。

【事例２】調整対象固定資産を取得した新設法人が被災事業者となった後に簡易課税制度を選択する場合

設立１期目において調整対象固定資産を取得していた資本金1,000万円で設立された新設法人が、その後に被災事業者となり、急遽、簡易課税制度の適用を受けることが必要となった場合

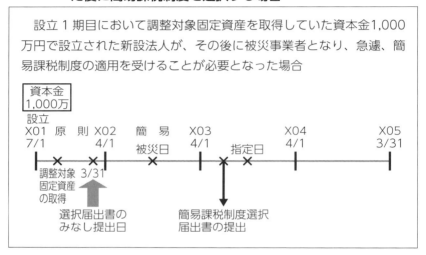

解説

資本金1,000万円以上の新設法人がその基準期間がない設立１期目に調整対象固定資産を取得していることから、調整対象固定資産の取得による簡易課税制度選択届出書の提出制限規定（消法37③二）により、本来であれば、調整対象固定資産を取得した課税期間の初日（X01年７月１日）から３年を経過する日（X04年６月30日）の属する課税期間の初日（X04年４月１日）以後でなければ簡易課税制度選択届出書を提出することはできません。

しかし、災害特例（措法86の５⑥）により、資本金1,000万円以上の新設法人が被災事業者となった場合には、この届出書の提出制限規定は適用されません。

ここで、災害特例（措法86の５⑧）により、指定日までに簡易課税

制度選択届出書を提出することによって、X02年3月31日においてその提出があったものとみなされます。

この結果、X02年4月1日～X03年3月31日課税期間以後、基準期間における課税売上高が5,000万円以下となる課税期間については簡易課税制度が適用されます。

【事例3】 被災事業者が高額特定資産を取得した場合

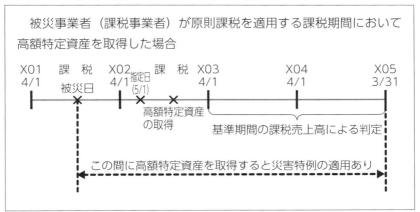

解説

原則課税を適用する課税事業者が高額特定資産を取得していることから、高額特定資産の取得による課税事業者の強制適用規定（消法12の4①）により、本来であれば、高額特定資産を取得した課税期間の翌課税期間（X03年4月1日～X04年3月31日）から高額特定資産を取得した課税期間の初日（X02年4月1日）以後3年を経過する日（X05年3月31日）の属する課税期間（X04年4月1日～X05年3月31日）までは課税事業者として拘束されます。

しかし、災害特例（措法86の5⑤）により、被災日から指定日（X02年5月1日）以後2年を経過する日（X04年4月30日）の属する課税期間の末日（X05年3月31日）までの間に高額特定資産を取得した

場合には、この課税事業者の強制適用規定は適用されません。

したがって、X03年4月1日～X04年3月31日課税期間以後は、原則として基準期間における課税売上高によって納税義務を判定することになります。

（注） この場合には、特段の手続は不要です。

【事例4】高額特定資産を取得した課税事業者が被災事業者となった後に簡易課税制度を選択する場合

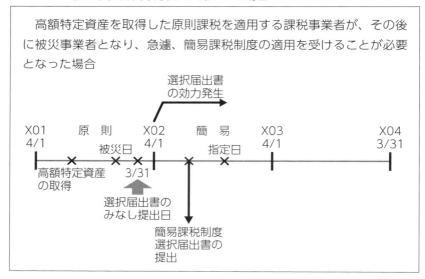

解説

原則課税を適用する課税事業者が高額特定資産を取得していることから、高額特定資産の取得による簡易課税制度選択届出書の提出制限規定（消法37③三）により、本来であれば、高額特定資産を取得した課税期間の初日（X01年4月1日）から3年を経過する日（X04年3月31日）の属する課税期間の初日（X03年4月1日）以後でなければ簡易課税制度選択届出書を提出することはできません。

しかし、災害特例（措法86の5⑦）により、被災事業者が被災日前

に高額特定資産の取得を行っている場合には、この届出書の提出制限規定は適用されません。

　ここで、災害特例（措法86の5⑧）により、指定日までに簡易課税制度選択届出書を提出することによって、X02年3月31日においてその提出があったものとみなされます。

　この結果、X02年4月1日〜X03年3月31日課税期間以後、基準期間における課税売上高が5,000万円以下となる課税期間については簡易課税制度が適用されます。

参考資料

納税義務の判定と各種届出書

免税事業者が課税事業者となる場合には、その根拠規定によって提出する届出書等が異なります。納税義務の判定とその提出する各種届出書の関係は次のようになります。

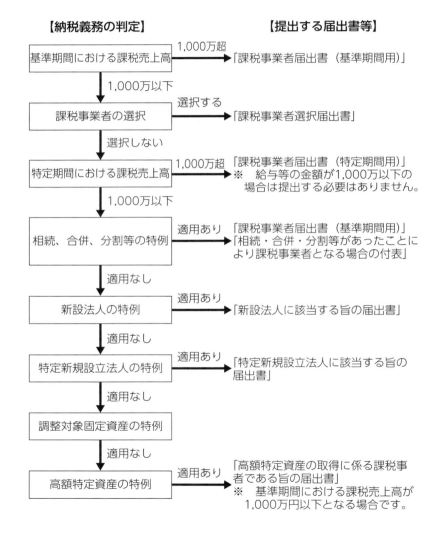

参考資料 納税義務の判定と各種届出書 199

第1号様式

消費税課税事業者選択届出書

収受印			
平成　年　月　日	届出者	（フリガナ）	
		納税地	（〒　－　） （電話番号　－　－　）
		（フリガナ）	
		住所又は居所 （法人の場合） 本店又は 主たる事務所 の所在地	（〒　－　） （電話番号　－　－　）
		（フリガナ）	
		名称（屋号）	
		個人番号 又は 法人番号	↓個人番号の記載に当たっては、左端を空欄とし、ここから記載してください。
		（フリガナ）	
		氏名 （法人の場合） 代表者氏名	印
		（フリガナ）	
_____ 税務署長殿		（法人の場合） 代表者住所	（電話番号　－　－　）

下記のとおり、納税義務の免除の規定の適用を受けないことについて、消費税法第9条第4項の規定により届出します。

適用開始課税期間	自　平成　年　月　日　　至　平成　年　月　日		
上記期間の基準期間	自　平成　年　月　日	左記期間の総売上高	円
	至　平成　年　月　日	左記期間の課税売上高	円
事業内容等	生年月日（個人）又は設立年月日（法人）　1明治・2大正・3昭和・4平成　年　月　日	法人のみ記載	事業年度　自　月　日　至　月　日
			資本金　円
	事業内容	届出区分	事業開始・設立・相続・合併・分割・特別会計・その他
参考事項		税理士署名押印	印 （電話番号　－　－　）

※税務署処理欄	整理番号		部門番号					
	届出年月日	年　月　日	入力処理	年　月　日	台帳整理	年　月　日		
	通信日付印 年　月　日	確認印	番号確認	身元確認	□済 □未済	確認書類	個人番号カード／通知カード・運転免許証 その他（　　　）	

注意　1．裏面の記載要領等に留意の上、記載してください。
　　　2．税務署処理欄は、記載しないでください。

第2号様式

消費税課税事業者選択不適用届出書

収受印			
平成　年　月　日	届出者	（フリガナ）	
		納税地	（〒　　－　　） （電話番号　　－　　－　　）
		（フリガナ）	
		氏名又は名称及び代表者氏名	印
＿＿＿＿税務署長殿		個人番号又は法人番号	↓ 個人番号の記載に当たっては、左端を空欄とし、ここから記載してください。

下記のとおり、課税事業者を選択することをやめたいので、消費税法第9条第5項の規定により届出します。

①	この届出の適用開始課税期間	自 平成　年　月　日　　至 平成　年　月　日
②	①の基準期間	自 平成　年　月　日　　至 平成　年　月　日
③	②の課税売上高	円

※ この届出書を提出した場合であっても、特定期間（原則として、①の課税期間の前年の1月1日（法人の場合は前事業年度開始の日）から6か月間）の課税売上高が1千万円を超える場合には、①の課税期間の納税義務は免除されないこととなります。詳しくは、裏面をご覧ください。

課税事業者となった日	平成　年　月　日	
事業を廃止した場合の廃止した日	平成　年　月　日	
提出要件の確認	課税事業者となった日から2年を経過する日までの間に開始した各課税期間中に調整対象固定資産の課税仕入れ等を行っていない。	はい □
	※ この届出書を提出した課税期間が、課税事業者となった日から2年を経過する日までに開始した各課税期間である場合、この届出書提出後、届出を行った課税期間中に調整対象固定資産の課税仕入れ等を行うと、原則としてこの届出書の提出はなかったものとみなされます。詳しくは、裏面をご確認ください。	
参考事項		
税理士署名押印	（電話番号　　－　　－　　）	印

※税務署処理欄	整理番号		部門番号			
	届出年月日	年　月　日	入力処理	年　月　日	台帳整理	年　月　日
	通信日付印 年　月　日	確認印	番号確認	身元確認 □済　□未済	確認書類	個人番号カード／通知カード・運転免許証 その他（　　　　　　）

注意　1．裏面の記載要領等に留意の上、記載してください。
　　　2．税務署処理欄は、記載しないでください。

第33号様式

消費税課税事業者選択（不適用）届出に係る特例承認申請書

2通提出

※個人番号又は法人番号は、税務署提出用2通の内1通のみに記載してください。

収受印

平成　年　月　日

＿＿＿＿＿＿税務署長殿

申請者

納税地	（フリガナ） （〒　－　） （電話番号　－　－　）
氏名又は名称及び代表者氏名	（フリガナ） 　　　　　　　　　　　印
個人番号又は法人番号	↓個人番号の記載に当たっては、左端を空欄とし、ここから記載してください。

下記のとおり、消費税法施行令第20条の2第1項又は第2項に規定する届出に係る特例の承認を受けたいので申請します。

届出日の特例の承認を受けようとする届出書の種類	□ ① 消費税課税事業者選択届出書 □ ② 消費税課税事業者選択不適用届出書 【届出書提出年月日 ： 平成　　年　　月　　日】
特例規定の適用を受けようとする（受けることをやめようとする）課税期間の初日及び末日	自 平成＿＿年＿＿月＿＿日　至 平成＿＿年＿＿月＿＿日 （②の届出の場合は初日のみ記載します。）
上記課税期間の基準期間における課税売上高	円
上記課税期間の初日の前日までに提出できなかった事情	

※ ②の届出書を提出した場合であっても、特定期間（原則として、上記課税期間の前年の1月1日（法人の場合は前事業年度開始の日）から6か月間）の課税売上高が1千万円を超える場合には、上記課税期間の納税義務は免除されないこととなります。詳しくは、裏面をご覧ください。

事業内容等	
参考事項	
税理士署名押印	印 （電話番号　－　－　）

※ 上記の申請について、消費税法施行令第20条の2第1項又は第2項の規定により、上記の届出書が特例規定の適用を受けようとする（受けることをやめようとする）課税期間の初日の前日（平成　年　月　日）に提出されたものとすることを承認します。

＿＿＿＿＿第＿＿＿＿＿号
平成　年　月　日

税務署長　　　　　　　　印

※税務署処理欄	整理番号		部門番号		みなし届出年月日	年　月　日
	申請年月日	年　月　日	入力処理	年　月　日	台帳整理	年　月　日
	番号確認		身元確認	□ 済 □ 未済	確認書類	個人番号カード／通知カード・運転免許証 その他（　　）

注意　1．この申請書は、2通提出してください。
　　　2．※印欄は、記載しないでください。

第3-(1)号様式　　　　　　　　　　　　　　　　　　　　　　　　　　　　　　基準期間用

消費税課税事業者届出書

平成　年　月　日

届出者	（フリガナ）納税地	（〒　－　） （電話番号　－　－　）
	（フリガナ）住所又は居所（法人の場合）本店又は主たる事務所の所在地	（〒　－　） （電話番号　－　－　）
	（フリガナ）名称（屋号）	
	個人番号又は法人番号	↓個人番号の記載に当たっては、左端を空欄とし、ここから記載してください。
	（フリガナ）氏名（法人の場合）代表者氏名	印
	（フリガナ）（法人の場合）代表者住所	（電話番号　－　－　）

＿＿＿＿税務署長殿

下記のとおり、基準期間における課税売上高が1,000万円を超えることとなったので、消費税法第57条第1項第1号の規定により届出します。

適用開始課税期間	自　平成　年　月　日　至　平成　年　月　日		
上記期間の基準期間	自　平成　年　月　日	左記期間の総売上高	円
	至　平成　年　月　日	左記期間の課税売上高	円
事業内容等	生年月日（個人）又は設立年月日（法人）　1明治・2大正・3昭和・4平成　年　月　日	法人のみ記載　事業年度　自　月　日　至　月　日	
		資本金　円	
	事業内容	届出区分　相続・合併・分割等・その他	
参考事項		税理士署名押印　　　　　　　　　　印 （電話番号　－　－　）	

※税務署処理欄

整理番号		部門番号					
届出年月日	年　月　日	入力処理	年　月　日	台帳整理	年　月　日		
番号確認		身元確認　□済　□未済	確認書類　個人番号カード／通知カード・運転免許証　その他（　　）				

注意　1．裏面の記載要領等に留意の上、記載してください。
　　　2．税務署処理欄は、記載しないでください。

参考資料　納税義務の判定と各種届出書　203

第3－(2)号様式

[特定期間用]

消費税課税事業者届出書

収受印

平成　年　月　日

届出者

納税地	(フリガナ) (〒　－　) (電話番号　－　－　)
住所又は居所 (法人の場合) 本店又は主たる事務所の所在地	(フリガナ) (〒　－　) (電話番号　－　－　)
名称(屋号)	(フリガナ)
個人番号 又は 法人番号	↓個人番号の記載に当たっては、左端を空欄とし、ここから記載してください。
氏名 (法人の場合) 代表者氏名	(フリガナ)　　　　　　　　　　　　　印
(法人の場合) 代表者住所	(フリガナ) (電話番号　－　－　)

＿＿＿＿税務署長殿

下記のとおり、特定期間における課税売上高が1,000万円を超えることとなったので、消費税法第57条第1項第1号の規定により届出します。

適用開始課税期間	自 平成　年　月　日　至 平成　年　月　日		
上記期間の 特定期間	自 平成　年　月　日	左記期間の総売上高	円
		左記期間の課税売上高	円
	至 平成　年　月　日	左記期間の給与等支払額	円
事業内容等	生年月日(個人)又は設立年月日(法人)	1明治・2大正・3昭和・4平成 　　年　月　日	法人のみ記載	事業年度	自　月　日 至　月　日
				資本金	円
	事業内容				
参考事項		税理士署名押印	印 (電話番号　－　－　)

※税務署処理欄	整理番号		部門番号					
	届出年月日	年　月　日	入力処理	年　月　日	台帳整理	年　月　日		
	番号確認		身元確認	□済 □未済	確認書類	個人番号カード／通知カード・運転免許証 その他(　　　)		

注意　1．裏面の記載要領等に留意の上、記載してください。
　　　2．税務署処理欄は、記載しないでください。

第4号様式

相続・合併・分割等があったことにより課税事業者となる場合の付表

(収受印)

届出者	納　税　地	
	氏名又は名称	印

① 相続の場合　（分割相続　有・無）

被相続人の	納　税　地	所轄署（　　　）
	氏　　　名	
	事業内容	

② 合併の場合　（設立合併・吸収合併）

i 被合併法人の	納　税　地	所轄署（　　　）
	名　　　称	
	事業内容	
ii 被合併法人の	納　税　地	所轄署（　　　）
	名　　　称	
	事業内容	

③ 分割等の場合　（新設分割・現物出資・事後設立・吸収分割）

i 分割親法人の	納　税　地	所轄署（　　　）
	名　　　称	
	事業内容	
ii 分割親法人の	納　税　地	所轄署（　　　）
	名　　　称	
	事業内容	

基準期間の課税売上高

課税事業者となる課税期間の基準期間	自　平成　　年　　月　　日　　至　平成　　年　　月　　日	
上記期間の	① 相続人 ② 合併法人　　の課税売上高 ③ 分割子法人	円
	① 被相続人 ② 被合併法人　の課税売上高 ③ 分割親法人	円
	合　　　計	円

注意　1　相続により事業場ごとに分割承継した場合は、自己の相続した事業場に係る部分の被相続人の課税売上高を記入してください。
　　　2　①、②及び③のかっこ書については該当する項目を○で囲ってください。
　　　3　「分割親法人」とは、分割等を行った法人をいい、「分割子法人」とは、新設分割、現物出資又は事後設立により設立された法人若しくは吸収分割により営業を承継した法人をいいます。

第5号様式

消費税の納税義務者でなくなった旨の届出書

収受印

平成　年　月　日　　届出者　　　　　　　税務署長殿	（フリガナ） 納税地 （〒　－　） （電話番号　－　－　）
	（フリガナ） 氏名又は名称及び代表者氏名　　　　　　　　印
	個人番号又は法人番号　↓個人番号の記載に当たっては、左端を空欄とし、ここから記載してください。

下記のとおり、納税義務がなくなりましたので、消費税法第57条第1項第2号の規定により届出します。

①	この届出の適用開始課税期間	自平成　年　月　日　至平成　年　月　日
②	①の基準期間	自平成　年　月　日　至平成　年　月　日
③	②の課税売上高	円

※ 1　この届出書を提出した場合であっても、特定期間（原則として、①の課税期間の前年の1月1日（法人の場合は前事業年度開始の日）から6か月間）の課税売上高が1千万円を超える場合には、①の課税期間の納税義務は免除されないこととなります。
　 2　高額特定資産の仕入れ等を行った場合に、消費税法第12条の4第1項の適用がある課税期間については、当該課税期間の基準期間の課税売上高が1千万円以下となった場合であっても、その課税期間の納税義務は免除されないこととなります。
（詳しくは、裏面をご覧ください。）

納税義務者となった日	平成　年　月　日
参考事項	
税理士署名押印	印 （電話番号　－　－　）

※税務署処理欄	整理番号				部門番号				
	届出年月日	年	月	日	入力処理	年　月　日	台帳整理	年　月　日	
	番号確認	身元確認	□済 □未済	確認書類	個人番号カード／通知カード・運転免許証 その他（　　　）				

注意　1．裏面の記載要領等に留意の上、記載してください。
　　　2．税務署処理欄は、記載しないでください。

第10-(2)号様式

消費税の新設法人に該当する旨の届出書

収受印		
平成　年　月　日	（フリガナ） 納　税　地	（〒　　－　　） （電話番号　　－　　－　　）
届	（フリガナ） 本店又は 主たる事務所 の所在地	（〒　　－　　） （電話番号　　－　　－　　）
出	（フリガナ） 名　　称	
者	法人番号	｜｜｜｜｜｜｜｜
	（フリガナ） 代表者氏名	印
＿＿＿＿税務署長殿	（フリガナ） 代表者住所	（電話番号　　－　　－　　）

　下記のとおり、消費税法第12条の2第1項の規定による新設法人に該当することとなったので、消費税法第57条第2項の規定により届出します。

消費税の新設法人に該当することとなった事業年度開始の日	平成　　年　　月　　日
上記の日における資本金の額又は出資の金額	

事業内容等	設立年月日	平成　　年　　月　　日
	事業年度	自　　月　　日　至　　月　　日
	事業内容	

参考事項	「消費税課税期間特例選択・変更届出書」の提出の有無【有（　・　）・無】

税理士署名押印	印 （電話番号　　－　　－　　）

※税務署処理欄	整理番号		部門番号		番号確認	
	届出年月日	年　月　日	入力処理	年　月　日	台帳整理	年　月　日

注意　1．裏面の記載要領等に留意の上、記載してください。
　　　2．税務署処理欄は、記載しないでください。

第10-(3)号様式

消費税の特定新規設立法人に該当する旨の届出書

収受印		(フリガナ)	
平成　年　月　日	届出者	納税地	(〒　－　) (電話番号　－　－　)
		(フリガナ)	
＿＿＿＿＿税務署長殿		名称及び代表者氏名	(電話番号　－　－　) 印
		法人番号	

下記のとおり、消費税法第12条の3第1項の規定による特定新規設立法人に該当することとなったので、消費税法第57条第2項の規定により届出します。

消費税の特定新規設立法人に該当することとなった事業年度開始の日	平成　年　月　日

事業内容等	設立年月日	平成　年　月　日
	事業年度	自　月　日　至　月　日
	事業内容	

特定新規設立法人の判定	イ 特定要件の判定	① 特定要件の判定の基礎となった他の者	納税地等	
			氏名又は名称	
		② 保有割合	①の者が直接又は間接に保有する新規設立法人の発行済株式等の数又は金額	株(円)　④ ③のうち、①の者が直接又は間接に保有する割合 (②/③×100)　　％
		③	新規設立法人の発行済株式等の総数又は総額	株(円)
	ロ 基準期間に相当する期間の課税売上高	納税地等		
		氏名又は名称		
		基準期間に相当する期間	自　年　月　日　～　至　年　月　日	
		基準期間に相当する期間の課税売上高	円	

上記イ④の割合が50％を超え、かつ、ロの基準期間に相当する期間の課税売上高が5億円を超えている場合には、特定新規設立法人に該当しますので、この届出書の提出が必要となります。

参考事項	
税理士署名押印	印 (電話番号　－　－　)

税務署処理欄	整理番号		部門番号		番号確認		
	届出年月日	年　月　日	入力処理	年　月　日	台帳整理	年　月　日	

注意　1. 裏面の記載要領等に留意の上、記載してください。
　　　2. 税務署処理欄は、記載しないでください。

第5-(2)号様式

高額特定資産の取得に係る課税事業者である旨の届出書

収受印

平成　年　月　日	届出者	（フリガナ）	
		納税地	（〒　－　） （電話番号　－　－　）
		（フリガナ）	
		氏名又は名称及び代表者氏名	印
＿＿＿＿税務署長殿		法人番号	※ 個人の方は個人番号の記載は不要です。

下記のとおり、消費税法第12条の4第1項の規定の適用を受ける課税期間の基準期間の課税売上高が1,000万円以下となったので、消費税法第57条第1項第2号の2の規定により届出します。

届出者の行う事業の内容	
この届出の適用対象課税期間	※消費税法第12条の4第1項の規定が適用される課税期間で基準期間の課税売上高が1,000万円以下となった課税期間を記載してください。 自 平成　年　月　日　至 平成　年　月　日
上記課税期間の基準期間	自 平成　年　月　日　　左記期間の課税売上高　　　　　円 至 平成　年　月　日
該当する資産の区分等 （該当する資産の区分に応じて記載してください。）	□ ①高額特定資産 　（②に該当するものを除く）　｜高額特定資産の仕入れ等の日｜高額特定資産の内容｜ 　　　　　　　　　　　　　　　　平成　年　月　日 □ ②自己建設高額特定資産　｜自己建設高額特定資産の仕入れ等を行った場合に該当することとなった日｜ 　　　　　　　　　　　　　　　平成　年　月　日 　｜建設等の完了予定時期｜自己建設高額特定資産の内容｜ 　　平成　年　月
参考事項	
税理士署名押印	印 （電話番号　－　－　）

※税務署処理欄	整理番号		部門番号		番号確認		
	届出年月日	年　月　日	入力処理	年　月　日	台帳整理	年　月　日	

注意　1．裏面の記載要領等に留意の上、記載してください。
　　　2．税務署処理欄は、記載しないでください。

第24号様式

消費税簡易課税制度選択届出書

収受印

平成　年　月　日

届出者	（フリガナ）	
	納税地	（〒　−　） （電話番号　−　−　）
	（フリガナ）	
	氏名又は名称及び代表者氏名	印
	法人番号	※ 個人の方は個人番号の記載は不要です。

＿＿＿＿＿＿税務署長殿

下記のとおり、消費税法第37条第1項に規定する簡易課税制度の適用を受けたいので、届出します。

①	適用開始課税期間	自 平成　年　月　日　至 平成　年　月　日
②	①の基準期間	自 平成　年　月　日　至 平成　年　月　日
③	②の課税売上高	円

事業内容等	（事業の内容）	（事業区分） 第　　種事業

提出要件の確認

次のイ、ロ又はハの場合に該当する
（「はい」の場合のみ、イ、ロ又はハの項目を記載してください。）　はい □　いいえ □

イ	消費税法第9条第4項の規定により課税事業者を選択している場合	課税事業者となった日	平成　年　月　日
		課税事業者となった日から2年を経過する日までの間に開始した各課税期間中に調整対象固定資産の課税仕入れ等を行っていない	はい □
ロ	消費税法第12条の2第1項に規定する「新設法人」又は同法第12条の3第1項に規定する「特定新規設立法人」に該当する（該当していた）場合	設立年月日	平成　年　月　日
		基準期間がない事業年度に含まれる各課税期間中に調整対象固定資産の課税仕入れ等を行っていない	はい □
ハ	消費税法第12条の4第1項に規定する「高額特定資産の仕入れ等」を行っている場合　A	仕入れ等を行った課税期間の初日	平成　年　月　日
		この届出による①の「適用開始課税期間」は、高額特定資産の仕入れ等を行った課税期間の初日から、同日以後3年を経過する日の属する課税期間までの各課税期間に該当しない	はい □
	仕入れ等を行った資産が高額特定資産に該当する場合はハの欄を、自己建設高額特定資産に該当する場合は、Bの欄をそれぞれ記載してください。　B	仕入れ等を行った課税期間の初日	平成　年　月　日
		建設等が完了した課税期間の初日	平成　年　月　日
		この届出による①の「適用開始課税期間」は、自己建設高額特定資産の建設等に要した仕入れ等に係る支払対価の額の累計額が1千万円以上となった課税期間の初日から、自己建設高額特定資産の建設等が完了した課税期間の初日以後3年を経過する日の属する課税期間までの各課税期間に該当しない	はい □

※ この届出書を提出した課税期間が、上記イ、ロ又はハに記載の各課税期間である場合、この届出書提出後、届出を行った課税期間中に調整対象固定資産の課税仕入れ等又は高額特定資産の仕入れ等を行うと、原則としてこの届出の提出はなかったものとみなされます。詳しくは、裏面をご確認ください。

参考事項	
税理士署名押印	印 （電話番号　−　−　）

※税務署処理欄	整理番号		部門番号				
	届出年月日	年　月　日	入力処理	年　月　日	台帳整理	年　月　日	
	通信日付印　　年　月　日	確認印	番号確認				

注意　1．裏面の記載要領等に留意の上、記載してください。
　　　2．税務署処理欄は、記載しないでください。

第25号様式

消費税簡易課税制度選択不適用届出書

平成　年　月　日 収受印 　　　　　税務署長殿	届出者	（フリガナ）	
		納税地	（〒　－　） （電話番号　　－　　－　　）
		（フリガナ）	
		氏名又は名称及び代表者氏名	印
		法人番号	※ 個人の方は個人番号の記載は不要です。

下記のとおり、簡易課税制度をやめたいので、消費税法第37条第5項の規定により届出します。

①	この届出の適用開始課税期間	自 平成　年　月　日　　至 平成　年　月　日
②	①の基準期間	自 平成　年　月　日　　至 平成　年　月　日
③	②の課税売上高	円
	簡易課税制度の適用開始日	平成　年　月　日
	事業を廃止した場合の廃止した日	平成　年　月　日
		個人番号 ※ 事業を廃止した場合には記載してください。
	参考事項	
	税理士署名押印	印 （電話番号　　－　　－　　）

※税務署処理欄	整理番号		部門番号					
	届出年月日	年　月　日	入力処理	年　月　日	台帳整理	年　月　日		
	通信日付印 年　月　日	確認印	番号確認		身元確認	□ 済 □ 未済	確認書類	個人番号カード／通知カード・運転免許証 その他（　　　　　　　　　　　）

注意　1. 裏面の記載要領等に留意の上、記載してください。
　　　2. 税務署処理欄は、記載しないでください。

第13号様式

消費税課税期間特例 選択／変更 届出書

平成　年　月　日	届出者	（フリガナ）	
		納税地	（〒　－　） （電話番号　－　－　）
		（フリガナ）	
		氏名又は名称及び代表者氏名	印
税務署長殿		法人番号	※ 個人の方は個人番号の記載は不要です。

下記のとおり、消費税法第19条第1項第3号、第3号の2、第4号又は第4号の2に規定する課税期間に短縮又は変更したいので、届出します。

事業年度	自　月　日　至　月　日		
適用開始日又は変更日	平成　年　月　日		
適用又は変更後の課税期間	三月ごとの期間に短縮する場合	一月ごとの期間に短縮する場合	
	月　日から　月　日まで	月　日から　月　日まで	
		月　日から　月　日まで	
		月　日から　月　日まで	
	月　日から　月　日まで	月　日から　月　日まで	
		月　日から　月　日まで	
		月　日から　月　日まで	
	月　日から　月　日まで	月　日から　月　日まで	
		月　日から　月　日まで	
		月　日から　月　日まで	
	月　日から　月　日まで	月　日から　月　日まで	
		月　日から　月　日まで	
		月　日から　月　日まで	
変更前の課税期間特例選択・変更届出書の提出日	平成　年　月　日		
変更前の課税期間特例の適用開始日	平成　年　月　日		
参考事項			
税理士署名押印	印　（電話番号　－　－　）		

※税務署処理欄	整理番号		部門番号		番号確認			
	届出年月日	年　月　日	入力処理	年　月　日	台帳整理	年　月　日		
	通信日付印	年　月　日	確認印					

注意　1．裏面の記載要領等に留意の上、記載してください。
　　　2．税務署処理欄は、記載しないでください。

第14号様式

消費税課税期間特例選択不適用届出書

収受印				
平成　年　月　日	届出者	（フリガナ）		
		納税地	（〒　－　）　　　　　　　　　　（電話番号　－　－　）	
		（フリガナ）		
		氏名又は名称及び代表者氏名	印	
＿＿＿＿＿税務署長殿		法人番号	※ 個人の方は個人番号の記載は不要です。	

　下記のとおり、課税期間の短縮の適用をやめたいので、消費税法第19条第3項の規定により届出します。

事　業　年　度	自　　月　　日　　　　　至　　月　　日		
特例選択不適用の　開　始　日	平成　　年　　月　　日		
短縮の適用を受けていた課税期間	三月ごとの期間に短縮していた場合	一月ごとの期間に短縮していた場合	
	月　日から　月　日まで	月　日から　月　日まで	
		月　日から　月　日まで	
		月　日から　月　日まで	
	月　日から　月　日まで	月　日から　月　日まで	
		月　日から　月　日まで	
		月　日から　月　日まで	
	月　日から　月　日まで	月　日から　月　日まで	
		月　日から　月　日まで	
		月　日から　月　日まで	
	月　日から　月　日まで	月　日から　月　日まで	
		月　日から　月　日まで	
		月　日から　月　日まで	
選択・変更届出書の提出日	平成　　年　　月　　日		
課税期間短縮・変更の適用開始日	平成　　年　　月　　日		
事業を廃止した場合の廃止した日	平成　　年　　月　　日		
	個人番号　※ 事業を廃止した場合には記載してください。		
参　考　事　項			
税理士署名押印	印（電話番号　－　－　）		

※税務署処理欄	整理番号		部門番号				
	届出年月日	年　月　日	入力処理	年　月　日	台帳整理	年　月　日	
	通信日付印　年　月　日	確認印	番号確認		身元確認	□済 □未済	確認書類　個人番号カード／通知カード・運転免許証　その他（　　　）

注意　1．裏面の記載要領等に留意の上、記載してください。
　　　2．税務署処理欄は、記載しないでください。

第6号様式

事業廃止届出書

平成　年　月　日 収受印	届出者	（フリガナ） 納税地	（〒　－　） （電話番号　－　－　）
		（フリガナ） 氏名又は 名称及び 代表者氏名	印
税務署長殿		個人番号 又は 法人番号	↓ 個人番号の記載に当たっては、左端を空欄とし、ここから記載してください。

下記のとおり、事業を廃止したので、消費税法第57条第1項第3号の規定により届出します。

事業廃止年月日	平成　年　月　日
納税義務者と なった年月日	平成　年　月　日
参　考　事　項	
税理士署名押印	印 （電話番号　－　－　）

※税務署処理欄	整理番号		部門番号					
	届出年月日	年　月　日	入力処理	年　月　日	台帳整理	年　月　日		
	番号 確認		身元 確認	□ 済 □ 未済	確認 書類	個人番号カード／通知カード・運転免許証 その他（　　　　）		

注意　1．裏面の記載要領等に留意の上、記載してください。
　　　2．税務署処理欄は、記載しないでください。

第7号様式

個 人 事 業 者 の 死 亡 届 出 書

収受印			
平成　年　月　日	届出者	（フリガナ）	
		住所又は居所	（〒　－　） （電話番号　－　－　）
		（フリガナ）	
		氏　　名	印
＿＿＿＿税務署長殿		個 人 番 号	

下記のとおり、事業者が死亡したので、消費税法第57条第1項第4号の規定により届出します。

死亡年月日	平成　　　　年　　　　月　　　　日		
死亡した事業者	納　税　地		
	氏　　名		
届出人と死亡した事業者との関係			
参　考　事　項	事業承継の有無	有　・　無	
	事業承継者	住所又は居所	（電話番号　－　－　）
		氏　　名	
税理士署名押印			印 （電話番号　－　－　）

※税務署処理欄	整理番号		部門番号			
	届出年月日	年　月　日	入力処理	年　月　日	台帳整理	年　月　日
	番号確認	身元確認 □済 □未済	確認書類	個人番号カード／通知カード・運転免許証 その他（　　　）		

注意　1．裏面の記載要領等に留意の上、記載してください。
　　　2．税務署処理欄は、記載しないでください。

第8号様式

合併による法人の消滅届出書

平成　年　月　日	届出者	（フリガナ）	
		納　税　地	（〒　　－　　） （電話番号　　－　　－　　）
		（フリガナ）	
		名称及び 代表者氏名	印
＿＿＿＿税務署長殿		法 人 番 号	

　下記のとおり、合併により法人が消滅したので、消費税法第57条第1項第5号の規定により届出します。

合　併　年　月　日	平成　　　年　　　月　　　日
被合併法人　納　税　地	
名　　称	
代表者氏名	
合　併　の　形　態	設　立　合　併　・　吸　収　合　併
参　考　事　項	
税理士署名押印	印 （電話番号　　－　　－　　）

※税務署処理欄	整理番号		部門番号		番号確認			
	届出年月日	年　月　日	入力処理	年　月　日	台帳整理		年　月　日	

注意　1．裏面の記載要領等に留意の上、記載してください。
　　　2．税務署処理欄は、記載しないでください。

著者紹介

税理士　渡辺　章

昭和47年生まれ。

大学卒業後、損害保険会社勤務、大原簿記学校税理士講座本部・消費税法科勤務（専任講師）。会計事務所勤務中の平成19年に税理士登録。その後平成20年独立開業し現在に至る。

現在、大原簿記学校実務講座において非常勤講師も勤める。

著書に「消費税　仕入税額控除　個別対応方式実践トレーニング」（中央経済社）、「消費税　仕入税額控除　簡易課税制度実践トレーニング」（中央経済社）、「消費税率引上げ・軽減税率・インボイス　業種別対応ハンドブック」共著（日本法令）がある。

また、会計人コース（中央経済社）で連載を持つ。

本書の内容に関するご質問は、ファクシミリ等、文書で編集部宛にお願いいたします。(fax 03-6777-3483)
なお、個別のご相談は受け付けておりません。

本書刊行後に追加・修正事項がある場合は、随時、当社のホームページ（https://www.zeiken.co.jp）にてお知らせいたします。

消費税　納税義務判定の実務

平成29年8月10日　初版第一刷発行　　　　　（著者承認検印省略）
平成30年7月20日　初版第二刷発行

  ⓒ　著　者　渡　辺　　章
   発行所　税 務 研 究 会 出 版 局
         https://www.zeiken.co.jp
     週　刊「税務通信」発行所
       「経営財務」
   代表者　山　根　　毅

郵便番号100-0005
東京都千代田区丸の内1-8-2
　　　　　　　　鉄鋼ビルディング
振替00160-3-76223

電話［書 籍 編 集］03(6777)3463
　　［書 店 専 用］03(6777)3466
　　［書 籍 注 文］03(6777)3450
　　（お客さまサービスセンター）

各事業所　電話番号一覧

北　海　道	011(221)8348	関　　　西	06(6943)2251
東　　　北	022(222)3858	中　　　国	082(243)3720
関　　　信	048(647)5544	九　　　州	092(721)0644
中　　　部	052(261)0381	神　奈　川	045(263)2822

乱丁・落丁の場合は、お取替え致します。　　　印刷・製本　奥村印刷

ISBN978-4-7931-2256-9